鈴木 豊［著］

中央経済社

# はじめに

　近年は，財産相続や事業の承継，一族の承継において，相続の争いが散見されます。これは，1つには，相続人間の考え方や生活様式の違いによる意見の違い，もう1つは，相続税，贈与税，民法，会社法等の相続・事業承継に関する法令の複雑さがあります。

　著者は，この50年間，相続・贈与の世界を見てきましたが，税法が変わり，また人の心も大きく変わってきました。しかし，それぞれの家の生活様式や習慣が異なっていても，スムーズに相続が進んだケースもたくさんあります。そのためには，相続や事業承継の方針・方向を真面目に検討し，かつ，税法や法律をきちんと理解することが必要です。

　税務診断とは，納税者のさまざまな環境，特に家族・親族の状況，過去から現在までの財産の移動と運用状況，相続・贈与税法の適用状況にシミュレーションを行って，長所・短所や時期を判断してもっとも良いスキームを考えることです。

　そこで本書では，過去50年間の経験をもとに，望ましい遺産相続や事業承継とはどのようなものなのか，また，どういったプロセスを経てそうした結果になったのか，そこでどのようなやりとりが行われたのかを再現して，相続対策の勘どころとその際の税務診断方法を明らかにしたいと思います。

　望ましい結果に至るストーリーにはパターンがあるわけではなく，財産や事業という構成物と，それに関係する相続人と被相続人，そしてその関係者や法人（会社）の状況によって変わってくるのですから，1つの正しい解答があるわけではなく，種々の状況から最高の方法が見つかるかもしれません。

　本書は，相続，事業承継，一族承継に現に直面している方々や，将来遭遇されるであろう方々の一助となると同時に，個人・法人の相続・事業承継について税務診断による支援やアドバイス，コンサルティングされる税理士・公認会計士や金融機関，不動産会社等で業務を担当されている方の参考になれば幸いです。特に，一般の方々には，相続税のさまざまな対応をわかりやすく示すた

めに、税務診断の箇所を太字にしてありますのでご活用ください。

　なお、本書の解説における税法は現行のものですが、ケースの中のものは当時の税法や法律のままにしています。また、相続財産額や相続税額は概算数値（フィクション）で示しています。

　最終章では、相続について争続・騒続になるのか、爽続・奏続となるのかのポイントをまとめています。なお、本書の細かい税法規定や計算は、姉妹書『なるほど税務／財産・事業・一族承継のノウハウ』をご参照ください。

　本書の出版にあたっては、中央経済社の小坂井和重氏にお世話になりました。感謝申し上げる次第です。

　　平成28年12月

鈴　木　　豊

# 目　次

はじめに　*i*

## Chapter 1　相続税・贈与税の大改正 ………………… *1*

 1　相続税の大改正・*2*
 2　贈与税の大改正・*3*
 3　関連する税制改正・*7*
 4　相続税の事前対策・*7*

## Chapter 2　相続税・贈与税活用の税務診断 …………… *19*

 1　小規模宅地等の特例の改正と相続税対策・*20*
 2　相続税対策としての不動産贈与と評価・*25*
 3　さまざまな不動産の相続税評価額の算定・*29*
 4　相続対策としての貸地・借地の活用方法・*34*
 5　相続税と代償分割・*40*
 6　農地の相続税評価と納税猶予のメリット・*45*
 7　個人と法人間の不動産譲渡・*50*
 8　個人所得の確定申告時の注意点・*55*
 9　不動産所得計算の特殊処理・*60*
 10　不動産賃貸借の権利金等の取扱い・*65*
 11　不動産の買換えの特例の注意点・*71*
 12　同一敷地上の等価交換と中高層耐火共同住宅の買換え・*77*

## Chapter 3　ケースでわかる相続税と税務診断 ………… *83*

 1　甲家の負担付（借入金）不動産の活用・*84*

2　贈与による相続税対策・*90*
3　路線価急上昇時の相続税対策・*96*
4　遺言書，死因贈与契約書等による遺産分割と相続税の計算・*102*
5　遺言書，死因贈与契約書，法人株式，相続時精算課税制度における相続・贈与の留意点・*108*
6　不動産相続と事業・経営承継の留意点・*118*
7　法人とその株主である個人を関連させた土地の活用・*123*
8　不動産相続における路線価の相違による対策・*128*

# Chapter 4　プロジェクト・ケース別不動産活用による相続税対策と税務診断 ……… *133*

1　他法人所有土地の共同開発・*134*
2　法人欠損金の管理・*135*
3　路線価の高い借地権を相続対策で活用・*136*
4　夫婦共有不動産の建て替え・*137*
5　工場の承継・*138*
6　借地権の一部売却・*139*
7　高路線価土地の活用(1)・*140*
8　高路線価土地の活用(2)・*141*
9　とび地の活用・*142*
10　高額路線価の底地権の活用・*143*
11　駅前不動産の活用・*144*
12　単独活用をめざす相続対策・*145*
13　再開発がらみの土地の活用・*146*
14　公有地に囲まれた土地の活用・*147*
15　所有権，借地権，底地権の活用・*148*
16　土地・建物の組み替え・*149*
17　駅前の個人所有の土地・*150*
18　個人経営事業の承継・*151*

19　個人借地権者の活用・*152*
20　医院・自宅を賃貸建物に・*153*
21　個人が不動産会社を設立する方法・*154*
22　不動産の小口証券化・*156*

# Chapter 5　ケースが示す相続物語と税務診断 ………………… *159*

1　共同ビルの相続・*160*
2　非同族法人の株主の相続・*161*
3　農業相続人の相続・*163*
4　近郊農業地の活用と相続・*165*
5　事業経営者の承継と株式の相続・*166*
6　不動産賃貸会社の娘への相続・*168*
7　相続人がいなかった相続・*169*
8　不動産過重債務の相続・*170*
9　農業相続人と近郊農地の値上がり・*173*
10　生前贈与の不満と相続・*175*
11　被相続人の事業会社の承継と相続・*176*
12　生前の相続人への支援のバランスと相続・*178*
13　共有土地の分割後の相続・*180*
14　立体買換え後の相続・*181*
15　不動産管理会社のM&Aと相続・*183*
16　土地の再開発事業と相続・*185*
17　建物法人転貸と相続・*186*
18　不動産の将来世代への承継と相続・*188*
19　事業と不動産の相続分割・*190*
20　事業会社と不動産の分割相続・*191*
21　兄妹の配偶者と新たな相続人への相続・*193*
22　法定相続人が事業相続しないケース・*195*
23　相続人2人の争いの調整と相続　・*196*

| | | |
|---|---|---|
| | 24 | 二次相続の孫への財産承継・*198* |
| | 25 | 不動産活用・集約と相続・*200* |
| | 26 | 相続のやり直し・*202* |
| | 27 | 不動産を最大限活用して相続・*204* |
| | 28 | 事業経営の承継と相続・*206* |
| | 29 | 金融財産の帰属と相続・*208* |
| | 30 | 農業相続人の相続・*210* |
| | 31 | 不動産管理会社の継承と相続人間のバランス・*212* |
| | 32 | 会社承継と財産相続のバランス・*214* |
| | 33 | 事業経営の事業譲渡と相続・*216* |
| | 34 | 被相続人の配偶者と相続・*217* |
| | 35 | 高齢被相続人の再婚と相続・*218* |
| | 36 | 事業会社と一人娘の相続・*220* |
| | 37 | 事業会社の承継と相続等精算課税贈与・*222* |
| | 38 | 相続人間の不動産の活用と相続・*224* |
| | 39 | 事業会社・不動産管理会社の分担経営と相続・*225* |
| | 40 | 兄妹の不動産相続の方向・*227* |

## Chapter 6 「相続」という物語 …………………… *229*
───争続・騒続・爽続・奏続───

Chapter 1

# 相続税・贈与税の大改正

# 1 ■ 相続税の大改正

　平成27年1月1日以後に相続または遺贈により取得する財産に係る相続税について，基礎控除および税率が次のように変わりました。

## (1) 基礎控除額

　遺産に係る基礎控除が，引き下げられました。

| 改正前 | | 改正後 |
|---|---|---|
| 5,000万円＋（1,000万円×法定相続人の人数） | → | 3,000万円＋（600万円×法定相続人の人数） |

## (2) 税　　率

　相続税の最高税率が引き上げられました。相続により2億円超の財産を取得する場合は，税率が変わります。

| 各法定相続人の取得金額 | 改正前 | 改正後 |
|---|---|---|
| 〜1,000万円以下 | 10% | |
| 1,000万円超〜3,000万円以下 | 15% | |
| 3,000万円超〜5,000万円以下 | 20% | |
| 5,000万円超〜1億円以下 | 30% | |
| 1億円超〜2億円以下 | 40% | 40% |
| 2億円超〜3億円以下 | | 45% |
| 3億円超〜6億円以下 | 50% | 50% |
| 6億円超〜 | | 55% |

## (3) ケーススタディ（相続税総額）

　課税価格の合計額が1億円で，法定相続人が母1人子2人で相続した場合，下記のようになります。

| 改正前 | 改正後 |
|---|---|
| 1億円−8,000万円=2,000万円 | 1億円−4,800万円=5,200万円 |
| 母（法定相続分1/2） | 母（法定相続分1/2） |
| 　1,000万円×10%=100万円 | 　2,600万円×15%−50万円=340万円 |
| 子（法定相続分1/4） | 子（法定相続分1/4） |
| 　500万円×10%=50万円 | 　1,300万円×15%−50万円=145万円 |
| 合計　100万円+50万円×2＝ 200万円 | 合計　340万円+145万円×2＝ 630万円 |

## 2 ■ 贈与税の大改正

### (1) 贈与税の税率

　贈与税の最高税率の引上げや，20歳以上の子や孫が直系尊属から贈与を受けた場合の贈与税の税率構造が変わりました。これは平成27年1月1日以後の贈与より適用されました。

| 基礎控除後の課税価格 | 改正前 | 改正後 | |
|---|---|---|---|
| | | 一般税率 | 特例税率(注) |
| 〜200万円以下 | 10% | 10% | 10% |
| 200万円超〜300万円以下 | 15% | 15% | 15% |
| 300万円超〜400万円以下 | 20% | 20% | |
| 400万円超〜600万円以下 | 30% | 30% | 20% |
| 600万円超〜1,000万円以下 | 40% | 40% | 30% |
| 1,000万円超〜1,500万円以下 | 50% | 45% | 40% |
| 1,500万円超〜3,000万円以下 | | 50% | 45% |
| 3,000万円超〜4,500万円以下 | | 55% | 50% |
| 4,500万円超〜 | | | 55% |

(注)　特例税率の適用は，直系尊属（父母，祖父母，曽祖父母）から20歳以上の子・孫への贈与である。

### (2) 相続時精算課税制度の要件の緩和

　相続時精算課税制度の適用対象者の範囲が次のように拡大されました。これ

は平成27年1月1日以後の贈与より適用されました。

| 改正前 | 改正後 |
|---|---|
| 《贈与者》<br>・65歳以上の者<br>《受贈者》<br>・20歳以上の者で贈与者の推定相続人 | 《贈与者》<br>・60歳以上の者<br>《受贈者》<br>・20歳以上の者で贈与者の推定相続人および孫 |

2,500万円以内の贈与については贈与税の負担を生じないので，財産を子や孫へ移転させることができます。相続時には，贈与財産を贈与時の価額で合算することになるので，将来値上がりしそうな財産や収益物件についてこの制度を適用するとメリットがあります。

## (3) 生前贈与

亡くなった方から，その亡くなる前3年以内に贈与を受けた財産があるときは，相続税の課税価格に加算しなければなりません。したがって，生前贈与はなるべく早めに，そして相続人ではなく，その配偶者等の相続人以外の人に対して行う方がベターです。

生前贈与は，基礎控除（110万円）以下の金額を贈ればまったく問題はありませんが，贈与は贈与者と受贈者の契約となり贈与者と受贈者の意思表示がなければ成立しないことになります。

【認められるケース】としては，①贈与契約書を作成し，両者の意思表示を客観的に主張すること，②金銭贈与の場合，通帳や銀行印の支配管理者が受贈者である子の場合で成人後は子が管理することが必要です。

【認められないケース】としては，①受贈者に無断で資金を引き出したり使ったりした場合，②金銭贈与の場合，保管支配している人が被相続人の場合です。

## (4) 結婚・子育て資金の一括贈与

個人の結婚・子育て資金の支払いに充てるために，その直系尊属が金銭等を拠出し，金融機関に信託等をした場合には，受贈者1人につき1,000万円（結

婚に際して支出する費用については300万円が限度）までの金額に相当する部分の価額については贈与税が非課税となります。

要件は，①受贈者は20歳以上50歳未満の者に限る，②平成27年4月1日から平成31年3月31日までの間に拠出されるものに限る，③結婚資金の支払いに充てる費用とは，結婚に際して支出する婚礼に要する費用，住居に要する費用及び引越しに要する費用のうち一定のものをいう，④子育て資金の支払いに充てる費用とは，妊娠に要する費用，出産に要する費用，子の医療費，保育料のうち一定のものをいいます。

ここで留意しなければならない事項は，①契約期間中に贈与者が死亡した場合には，拠出した金額から結婚・子育て資金支出額を控除した残額について，贈与者から相続等により取得したものとみなされ，②受贈者が50歳に達することなどにより契約が終了した場合には，拠出した金額から結婚・子育て資金支出額を控除した残額について，その契約終了時に贈与があったこととされます。

## (5) 有利・不利のケース

### ケース1　直系尊属からの贈与税の活用

|  | A祖父→B孫（18歳）へ500万円の贈与 | A祖父→B孫（21歳）へ500万円の贈与 |
|---|---|---|
| 計算根拠 | (5,000,000 − 1,100,000) × 20% − 250,000 | (5,000,000 − 1,100,000) × 15% − 100,000 |
| 税額 | 530,000円 | 485,000円 |

**（税務診断）**

特例税率が適用できる20歳以上の孫への贈与の方が税額が45,000円有利となる。したがって，贈与する時期をシミュレーションしておく必要がある。

## ケース2　相続時精算課税制度の活用

|  | ①A父(58歳)→B子(21歳) | ②A祖父(75歳)→B子(21歳) |
|---|---|---|
| 相続時精算課税制度 | × | ○ |
| 贈　与　時 | 評価額25,000,000円<br>(土地建物合計) | 評価額25,000,000円<br>(土地建物合計) |
| 相　続　時 | 評価額50,000,000円 | 評価額25,000,000円 |

(税務診断)

　贈与者が，贈与した年の1月1日において60歳以上でなければ，相続時精算課税制度が適用できない(①の場合)。

　②は，相続時に評価額が倍となっているため，制度を適用した方が，相続時には有利となる(贈与時の25,000,000円を相続時に加算するのみ)。

## ケース3　金銭贈与の活用

|  | ①A父→B，C，D子へ | ②A父→B，C，D子へ |
|---|---|---|
| 贈　与 | 10年間で1,100,000円ずつ贈与 | 10年間で1,200,000円ずつ贈与 |
| 内　容 | Aが，通帳と印鑑を所有している。 | B，C，Dが通帳と印鑑を所有しており，贈与契約書もある。 |
| 税　務 | Aの相続時に，33,000,000円が加算される可能性がある。 | 毎年10,000円の贈与税を支払う。相続時には，直近3年分の贈与財産のみ加算される。 |

(税務診断)

　①の場合は，贈与とはみなされないため，名義預金として相続時に加算される可能性が高い。

　②の場合は，毎年の贈与税負担が10,000円あるが，10年間で36,000,000円の財産を次の世代へ移転することができる。

## 3 関連する税制改正

### (1) 所得税（増税）

　平成27年分の所得税から，課税所得4,000万円超について現行40％が45％の税率になりました。
　給与所得控除の上限額，控除額が次のように引き下げられました。

|  | 平成27年分の所得税 | 平成28年分の所得税 | 平成29年分以後の所得税 |
| --- | --- | --- | --- |
| 上限額が適用される給与収入 | 1,500万円 | 1,200万円 | 1,000万円 |
| 給与所得控除の上限額 | 245万円 | 230万円 | 220万円 |

### (2) 消費税（増額）

　現行の8％が10％に引き上げられる予定です。ただし，実施前に経済状況の判断を行うため，先送りまたは停止になる可能性もあります。また，消費税率10％時には軽減税率制度の導入も行われる予定です。

## 4 相続税の事前対策

### (1) 相続財産の見直し

　まずは，現金預貯金，不動産，株式等のプラスの財産と借入金等のマイナスの財産を把握しておくことが重要となります。
　これは，残された配偶者や子が預貯金や不動産の名義変更や相続税の申告など，手続きの面で苦労することがあるためです。被相続人となる方の生前中に相続財産を把握しておくことが大切です。

### (2) 遺産分割

　相続財産を分割する際に，相続人間で争いが起こることが少なくありません。

この争いを避けるためにも、遺言書を残しておくことが重要です。

この場合、自分で遺言書を書いて残してもよいですが、法的な不備をなくすためにも、公正証書遺言を作成しておくとよいです。

## (3) 相続財産の評価減

### ① 小規模宅地の特例の適用

自宅の土地等を配偶者や子供が相続する場合に、その土地の評価額を一定面積まで80％減らすことができるものです。一定の要件を満たす必要がありますが、相続財産のうちに占める自宅の土地の割合が大きい場合は有効です。

### ② 小規模宅地の特例Q＆A

**Q1** 母親が1人で住んでいる自宅。子供が誰も引き継がない場合、どうなりますか？ 小規模宅地の特例は使えますか？

**A）** 小規模宅地の特例とは、被相続人または被相続人と生計を一にしていた被相続人の親族の居住の用に供されていた宅地等がある場合、一定の要件の下にその相続財産である宅地等のうち限度面積までの部分について、相続税の課税価格に算入すべき価額の計算上、一定割合（80％）を減額するというものです。

この一定の要件の中に、その宅地等を相続の申告期限まで有していることが要件の1つとなっているため、誰も引き継がない場合には、80％の評価減を適用することはできません。

**Q2** 子供が地方に転勤して賃貸住まいのときに、相続が発生したら？ すぐ実家に帰れないと、小規模宅地の特例は使えない？

**A）** 次の要件を満たす場合には、すぐ実家に帰らなくても特例を適用できます。
① 日本国籍を有しており、被相続人に配偶者も同居親族もいないこと

② 相続開始前3年以内にその転勤している子供またはその配偶者の所有する家屋に居住したことがないこと
③ その宅地等を相続税の申告期限まで有していること

したがって，賃貸住まいや会社の社宅に住んでいても，要件を満たせば，小規模宅地の特例を適用することができます。

**Q3** 200㎡の実家の敷地。小規模宅地の特例が240→330㎡になっても関係ない？

**A)** 平成25年度税制改正により，居住用の宅地等の限度面積が240㎡から330㎡まで拡大されました。具体的には次のようになります。

（例）　面積：300㎡，評価額：5,000万円
　　　　5,000万円×(1－0.8)＝1,000万円（課税価格に算入すべき価額）

改正前は，240㎡が限度であったため，この例によると300㎡のうち240㎡までしか，80％の評価減が適用できませんでした。

ただし，居住用宅地の特例の他に，貸付事業用宅地等についても特例の適用を受ける場合には，限度面積の調整計算が必要となるため，200㎡の実家にのみ特例を適用する場合には，330㎡になっても関係ありませんが，他の貸付事業用宅地等についても特例を適用する場合には，調整計算が必要となりますので，200㎡すべてについて特例が適用できるとは限りません。

**Q4** 平成26年分の相続税改正で，①二世帯住宅の場合や，②老人ホームに入居していた場合の取扱いの改正で，小規模宅地の特例は緩和されたそうですが？

**A)** ①二世帯住宅の場合，以前は，連がっている場合に適用とされていましたが，全体として同居しているとみられる場合に同居の要件が緩和され，②老人ホームの場合には，相続開始時点で老人ホームに入居しており，従前の家屋を他の者に供していた事実がないような場合は，小規模宅地の特例が使えることとなりました。

③ 小規模宅地の有利・不利のケース

**ケース4** 小規模宅地の特例の活用

| | ① A母→B子 | ② A母→B子 |
|---|---|---|
| | Bは相続後も居住しない | Bは相続後も居住する |
| 内容<br>（父はすでに他界） | A建物<br>A土地200㎡<br>建物評価額：20,000,000円<br>土地評価額：80,000,000円 | A建物<br>A土地200㎡<br>建物評価額：20,000,000円<br>土地評価額：80,000,000円 |
| 税　務 | 特例適用なし | 特例適用あり |

（税務診断）

①の場合は，特例を適用できないため100,000,000円が相続財産として課税対象となる。

②の場合は，特例を適用できるため，36,000,000円（20,000,000円＋80,000,000円×（1－0.8））が相続財産として課税対象となる。

同じ評価額でも子が自宅に居住すれば，64,000,000円の評価減となる。

④ 不動産の購入

不動産は一般的には，現金預貯金よりも相続税の評価額が低くなるため，金融資産を不動産にすることも有効な相続税対策となります。

10年前に建てた賃貸アパートの相続税評価の計算は，一般的には次のようになります。

[次のように1億6,000万円で取得した賃貸用不動産の10年後の評価額（概算）]

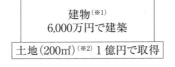

（※1）　賃貸割合100%とし，10年後の固定資産税評価額が3,000万円とします。
（※2）　10年後の1㎡当たり路線価を45万円とし，借地権割合を70%とします。

① 建物の評価額

賃貸用建物の評価額は次のように算出します。

> 評価額＝固定資産税評価額×（1－借家権割合⁽注⁾×賃貸割合）

（注） 東京国税局管内の平成28年分の借家権割合は30％です。

評価額＝3,000万円×（1－30％×100％）

　　　＝2,100万円

② 土地の評価額（土地は整形地とします）

賃貸用建物の敷地となっている土地の評価額は次のように算出します。

> 評価額＝自用地価額×（1－借地権割合×借家権割合×賃貸割合）

評価額＝（45万円×200㎡）×（1－70％×30％×100％）

　　　＝7,110万円

③ 合計

（①＋②）＝9,210万円

10年前に1億6,000万円で取得した不動産が相続時（10年後を仮定）には9,210万円の評価額となり，現金でそのまま10年間保有していた場合と比べると6,790万円の評価減となり有利となります。

### ⑤ 不動産相続の有利・不利のケース

**ケース5　賃貸アパート建築による活用**

| | ① A母→B，C子 | ② A母→B，C子 |
|---|---|---|
| 内容<br>（父はすでに他界） | 駐車場（設備無）<br>評価額：70,000,000円 | アパート 40,000,000円／土地<br>ローン30,000,000円，自己資金10,000,000円でアパートを取得<br>建物評価額：30,000,000円<br>土地評価額：70,000,000円<br>ローン残高：20,000,000円<br>【賃貸割合100％】<br>【借家権割合30％】<br>【借地権割合70％】 |
| 相続税の課税対象 | 70,000,000円 | 56,300,000円⁽※⁾ |

**（税務診断）**

土地の評価額が同じであっても，ローンを組み賃貸アパートを建て賃貸に供することにより，課税対象額が13,700,000円減少し有利となる。

（※）【建物評価額】＝ 30,000,000円 ×（1 － 30% × 100%）＝ 21,000,000円 …①

【土地評価額】＝ 70,000,000円 ×（1 － 70% × 30% × 100%）＝ 55,300,000円 …②

【課税対象】＝ ① ＋ ② － 20,000,000円 ＝ 56,300,000円

### ケース6　A・B家の相続の有利性

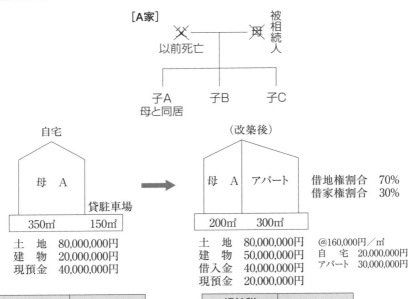

賃貸併用住宅に建て替えることにより相続税の課税価額が圧縮され，相続税の負担が軽減され有利となる。

（※１）
80,000,000円 × $\frac{330}{500}$ × (1 − 0.8) = 10,560,000円
80,000,000円 × $\frac{500 − 330}{500}$ = 27,200,000円
　　　　　　　　　　　　合計　37,760,000円

（＊１）
160,000円 ×　　 200　　× (1 − 0.8)
　　　　　　　　　　　　　　＝ 6,400,000円
160,000円 × (1 − 0.7 × 0.3) × 78.78 × (1 − 0.5)
　　　　　　　　　　　　　　＝ 4,978,896円
160,000円 × (1 − 0.7 × 0.3) × (300 − 78.78)
　　　　　　　　　　　　　　＝ 27,962,208円
　　　　　　　　　　　　合計　39,341,104円

200㎡ × $\frac{200}{330}$ + X ≦ 200㎡
　　　　　　X ≒ 78.78

（※２）
49,760,000円 ÷ 3 = 16,586,000円
(16,586,000円 × 15％ − 500,000円) × 3
　　　　　　　　　　　　＝ 5,963,700円

（＊２）
20,000,000円 × (1 − 0 ％) = 20,000,000円
30,000,000円 × (1 − 30％) = 21,000,000円
　　　　　　　　　　合計　41,000,000円

（＊３）
12,341,000円 ÷ 3 = 4,113,000円
(4,113,000円 × 10％) × 3 = 1,233,900円

[B家]

```
     ×──────母     被
   以前死亡          相
                    続
                    人
   ┌────┬────┐
   子A   子B   子C
相続後に居住
```

自宅
母
600㎡

土　地　96,000,000円
建　物　30,000,000円
現預金　40,000,000円

→

（改築後）
自宅　アパート
母
300㎡　300㎡

土　地　96,000,000円
建　物　70,000,000円
借入金　50,000,000円

借地権割合　70％
借家権割合　30％

＠160,000円／㎡
自　宅　30,000,000円
アパート　40,000,000円

| 相続税 | |
|---|---|
| 土地※1 | 53,760,000円 |
| 建物 | 30,000,000円 |
| 現預金 | 40,000,000円 |
| 課税価格 | 123,760,000円 |
| 基礎控除 | 48,000,000円 |
| 課税遺産総額 | 75,760,000円 |
| 相続税額※2 | 9,863,800円 |

Aが相続

| 相続税 | |
|---|---|
| 土地＊1 | 46,371,024円 |
| 建物＊2 | 58,000,000円 |
| 借入金 | 50,000,000円 |
| 課税価格 | 54,371,000円 |
| 基礎控除 | 48,000,000円 |
| 課税遺産総額 | 6,371,000円 |
| 相続税額＊3 | 636,900円 |

自宅部分は
Aが相続

**（税務診断）**

　自宅を建て替え，アパートを建築することにより相続税の負担を軽減し有利となる。したがって，**賃貸環境と採算シミュレーションをして判断する。**

（※1）
$96,000,000円 \times \frac{330}{600} \times (1 - 0.8) = 10,560,000円$
$96,000,000円 \times \frac{600 - 330}{600} = 43,200,000円$
　　　　　　　　　　合計　53,760,000円

（※2）
$75,760,000円 \div 3 = 25,253,000円$
$(25,253,000円 \times 15\% - 500,000円) \times 3$
　　　　　　　　　　$= 9,863,800円$

（＊1）
$160,000円 \times 300 \times (1 - 0.8)$
　　　　　　　　　　$= 9,600,000円$
$160,000円 \times (1 - 0.7 \times 0.3) \times 18.18 \times (1 - 0.5)$
　　　　　　　　　　$= 1,148,976円$
$160,000円 \times (1 - 0.7 \times 0.3) \times (300 - 18.18)$
　　　　　　　　　　$= 35,622,048円$
　　　　　　　　　合計　46,371,024円

$300㎡ \times \frac{200}{330} + X \leq 200㎡$
$X \fallingdotseq 18.18$

（＊2）
$30,000,000円 \times (1 - 0\%) = 30,000,000円$
$40,000,000円 \times (1 - 30\%) = 28,000,000円$
　　　　　　　　　合計　58,000,000円

（＊3）
$6,371,000円 \div 3 = 2,123,000円$
$(2,123,000円 \times 10\%) \times 3 = 636,900円$

ケース7　C家の相続

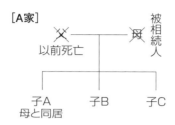

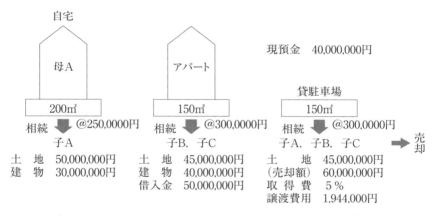

| 上記のような相続をした場合の相続税 | | 相続後に貸駐車場を譲渡した場合の各人の譲渡所得税等 | | | |
|---|---|---|---|---|---|
| 相続税 | | 譲渡所得税等 | 子A | 譲渡所得税等 | 子B, 子C |
| 土地*1 | 81,214,570円 | 譲渡金額 | 20,000,000 | 譲渡金額 | 20,000,000 |
| 建物*2 | 58,000,000円 | 取得費 | 1,000,000 | 取得費 | 1,000,000 |
| 現預金 | 40,000,000円 | 相続税の取得費加算額 | 1,239,915 | 相続税の取得費加算額 | 680,891 |
| 借入金 | 50,000,000円 | 譲渡費用 | 648,000 | 譲渡費用 | 648,000 |
| 課税価格 | 129,214,000円 | 譲渡所得金額 | 17,112,000 | 譲渡所得金額 | 17,671,000 |
| 基礎控除 | 48,000,000円 | 譲渡所得税等 | 3,476,300 | 譲渡所得税等 | 3,589,800 |
| 課税遺産総額 | 81,214,000円 | | | | |
| 相続税額*3 | 10,681,800円 | | | | |

（＊1）
250,000円× 200 ×（1－0.8）＝10,000,000円
300,000円×（1－0.7×0.3）×78.78×（1－0.5）
　　　　　　　　　　　　　　＝9,335,430円
300,000円×（1－0.7×0.3）×（150－78.78）
　　　　　　　　　　　　　　＝16,879,140円
300,000円× 150 ＝45,000,000円
　　　　　　　　合計　81,214,570円

$200㎡ × \frac{200}{330} + X \leq 200㎡$
　　　　　X ≒ 78.78

（＊2）
30,000,000円×（1－ 0 ％）＝30,000,000円
40,000,000円×（1－30％）＝28,000,000円
　　　　　　　　合計　58,000,000円

（＊3）
81,214,000円÷3＝27,071,000円
(27,071,000円×15％－500,000円)×3
　　　　　　　　　　　＝10,681,800円

各人の相続した財産の評価額合計

|  | 子A | 子B | 子C |
|---|---|---|---|
| 自宅土地 | 10,000,000 | － | － |
| アパート土地 | － | 13,107,285 | 13,107,285 |
| 駐車場土地 | 15,000,000 | 15,000,000 | 15,000,000 |
| 自宅建物 | 30,000,000 | － | － |
| アパート建物 | － | 14,000,000 | 14,000,000 |
| 現金 | 13,333,334 | 13,333,333 | 13,333,333 |
| 合計 | 68,333,334 | 55,440,618 | 55,440,618 |
| 借入金 | － | 25,000,000 | 25,000,000 |
| 差引き | 68,333,384 | 30,440,618 | 30,440,618 |
| 相続税 | 5,648,500 | 2,516,600 | 2,516,600 |

相続税の取得費加算額
子A
$5,648,500円 × \frac{15,000,000}{68,333,334}$ 円 ＝ 1,239,915円

子B，子C
$2,516,600円 × \frac{15,000,000}{55,440,618}$ 円 ＝ 680,891円

**（税務診断）**

　相続財産が主として不動産の場合には，一部現金化することとなり，売却することによって相続税の取得費加算の特例を利用することが有利となります。したがって，相続資金の捻出の必要性や相続支払資金のための売却を検討することが必要です。

### ケース8　負担付相続の活用

　建物付きの土地100坪を負担付相続する場合の計算例です。負担付きではなくそのまま相続すると9,303万円（配偶者の税額の軽減適用前の数字）になります。

Chapter1 相続税・贈与税の大改正 ◆ 17

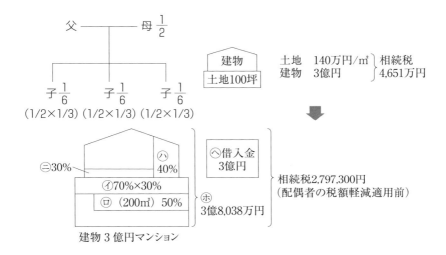

## [負担付相続の計算のプロセス]

① 土地の評価（貸家建付地）……奥行逓減は考慮していない
（路線価）（地積）　　（借地権割合）（借家権割合）
140万円×100坪×3.3㎡×(1－0.7×0.3)＝3億6,498万円

② 土地に係る小規模貸付事業用宅地の評価減
3億6,498万円－3億6,498万円×200㎡/330㎡×50/100＝2億5,438万円

③ 家屋の固定資産税評価額…建築費の60％と仮定
（建築費）
3億円×60％＝1億8,000万円

④ 家屋の相続税評価額（貸家）
（固定資産税評価額）
1億8,000万円×(1－0.3)＝1億2,600万円

⑤ 遺産総額
（土地）　　　　（家屋）　　　（債務）
2億5,438万円＋1億2,600万円－3億円＝8,038万円

⑥ 相続に係る基礎控除額
（定額）　　（法定相続人数）
3,000万円＋600万円×4人＝5,400万円

⑦　相続税の総額の合計
（遺産総額）
8,038万円 － 5,400万円 ＝ 2,638万円
妻　2,638万円 × 1／2 × 15％ － 50万円 ＝ 1,478,500円
子　(2,638万円 × 1／6 × 10％) × 3人 ＝ 1,318,800円
　　　　　　　　　　　　　合計　2,797,300円

**(税務診断)**
　アパート・マンションなど賃貸用物件に変えることにより㋑〜㋥の有利な方法を選択できるので、相続税は軽減されます。

対策の有利性がある ｛
㋑　貸家建付地の評価で更地より減額される部分
㋺　小規模事業用宅地で評価減される部分
㋩　建物の取得価額と固定資産税評価額との差額
㋥　借家人の権利相当額として減額される部分
　（㋭－㋬を控除すると相続税は軽減される）

Chapter 2

# 相続税・贈与税活用の税務診断

# 1 ■ 小規模宅地等の特例の改正と相続税対策

## (1) 特定居住用宅地等に係る適用対象面積の改正

　特定居住用宅地等の特例とは，相続または遺贈によって取得した居住用宅地等のうち，相続開始の直前において被相続人等の居住の用に供されていた宅地等で，建物等の敷地の用に供されているものがある場合に，相続人等が取得したこれらの宅地等のうち限度面積までの部分について80％の評価減を適用することができるものです。

　改正前は，この居住用宅地の適用対象面積は240㎡以下となっていました。また居住用と事業用宅地の併用については，一定の調整計算の上で限定的に併用が認められますが，両方合わせた適用対象面積は400㎡以下となっていました。

　改正後は，居住用地に関して，評価減の割合は80％の据え置きのまま，適用対象面積の上限が330㎡に拡大されることとなりました。

　また，被相続人の居住用宅地と事業用宅地両方を併用する場合の限度面積については，特例の対象となる宅地等の全てが特定事業用宅地等および特定居住用宅地等である場合には，それぞれの適用対象面積まで特例の適用が可能となります（特定居住用は330㎡，特定事業用は400㎡，合計730㎡）。

　ただし，不動産貸付事業用宅地は除かれ，改正前同様の一定の調整計算を行うこととなります。

　この改正は，平成27年1月1日以後の相続または遺贈について適用されます。

## (2) 1棟の二世帯住宅で構造上区分のあるものの特例

　改正前は，1棟の二世帯住宅で構造上区分があるものについて，入口が別々で，内階段がなく，完全に区分されている住宅は，棟内で行き来できない構造といえるため，被相続人と同居していたとは判断されないことから，このような構造の二世帯住宅の場合は，小規模宅地等の特例による80％評価減は適用されませんでした。

改正後は、被相続人およびその親族が各独立部分に居住し、その親族が相続または遺贈により取得した宅地等であれば、小規模宅地等の特例による80％評価減の適用があります（ただし区分所有登記されている建物を除く）。したがって、改正によって、居住空間が完全に区分されていると特例の適用を認めないとする取扱いが廃止されました。

この改正は、平成26年1月1日以後の相続または遺贈について適用されます。

## (3) 老人ホームの特例

改正前は、次に掲げる状況が客観的に認められる場合には、被相続人が居住していた建物の敷地は、相続開始の直前においてもなお被相続人の居住の用に供されていた宅地等に該当するものとされていました。

(1) 被相続人の身体または精神上の理由により介護を受ける必要があるため、老人ホームへ入所することとなったものと認められること
(2) 被相続人がいつでも生活ができるよう、その建物の維持管理が行われていたこと
(3) 入所後、新たにその建物を他の者の居住の用その他の用に供していた事実がないこと
(4) その老人ホームは、被相続人が入所するために被相続人またはその親族によって所有権が取得され、あるいは終身利用権が取得されたものでないこと

具体的には、特別養護老人ホームへの入所者については、病気療養のために病院に入院したものと同様な状況にあるものと考えるため、介護を受ける必要がある者にあたるものとして差し支えないものとされ、小規模宅地等の特例を適用することができました。

しかし、有料老人ホームへの入所は、一般的に被相続人の生活の本拠も移転したと考えられるため、自宅に住んでいたとは認められず、小規模宅地等の特例による80％評価減の適用が認められない場合がありました。

改正後では、老人ホームに入所したことにより、被相続人が居住しなくなった家屋の敷地については、改正前の要件が緩和され、次の要件が満たされる場

合には，相続の開始の直前において被相続人の居住の用に供されていたものとして小規模宅地等の特例を適用することができることとされました。

(1) 要介護等の認定を受けた被相続人が入所していたこと
(2) 当該家屋が貸付け等の用途および，被相続人または被相続人と生計を一にしていた親族以外の者の居住の用に供されていないこと

この改正は，平成26年1月1日以後の相続または遺贈について適用されます。

## (4) 特定居住用宅地等の適用面積の拡充と限度面積の計算原則

下記の計算式により計算したそれぞれの小規模宅地の区分によります。

選択特例対象宅地等（申告にあたり，特例を選択適用した宅地等のこと）の面積の合計が400㎡以下となるようにします。

改正前では，

$$A + B \times \frac{5}{3} + C \times 2 \leq 400 ㎡$$

　A：特定事業用宅地等，特定同族会社事業用宅地等の適用面積400㎡まで
　B：特定居住用宅地等の適用面積　240㎡まで
　C：貸付事業用宅地等の適用面積　200㎡まで

改正後では，

$$A \times \frac{200}{400} + B \times \frac{200}{330} + C \leq 200 ㎡$$

　A：特定事業用宅地等，特定同族会社事業用宅地等の適用面積　400㎡まで
　B：特定居住用宅地等の適用面積　330㎡（改正点）まで
　C：貸付事業用宅地等の適用面積　200㎡まで

(路線価) 800,000円/㎡
(借地権割合) 70%
(借家権割合) 30%

※土地はいずれも整形地とし，全てを同一人が相続するものとする。被相続人はA敷地を相応の対価をもって会社に賃貸し，無償返還の届けを提出している。

改正前では，

① 居住用地優先：Bのうち240㎡を選択した場合

$$0 + 240㎡ \times \frac{5}{3} + 0 \leq 400㎡$$

〈評価額〉

B敷地のうち240㎡（特例適用あり）

240 × 800,000円 × 20% = 38,400,000円

B敷地のうち60㎡（特例適用なし）

60 × 800,000円 = 48,000,000円

計：86,400,000円

A敷地（特例適用なし）

350 × 800,000円 ×（1 − 0.2）= 224,000,000円

無償返還に関する届出書が提出されている場合は，居住用地価額の80％評価となる。

C敷地（特例適用なし）

250 × 800,000円 ×（1 − 0.7 × 0.3）= 158,000,000円

合計評価額　468,400,000円

② 事業用地優先：Aの全てとBのうち30㎡を選択した場合

$$350㎡ + 30㎡ \times \frac{5}{3} + 0 \leq 400㎡$$

〈評価額〉

A敷地（特例適用あり）

350 × 800,000円 ×（1 − 0.2）× 20% = 44,800,000円

B敷地のうち30㎡（特例適用あり）

$30 \times 800{,}000 円 \times 20\% = 4{,}800{,}000 円$

B敷地のうち270㎡（特例適用なし）

$270 \times 800{,}000 円 = 216{,}000{,}000 円$

C敷地（特例適用なし）

$250 \times 800{,}000 円 \times (1 - 0.7 \times 0.3) = 158{,}000{,}000 円$

<u>合計評価額　423,600,000円</u>

改正後では，

◎　Aの全てとBの全てを選択した場合

$\boxed{350㎡ + 300㎡ \leqq 730㎡}$

〈評価額〉

B敷地（特例適用あり）

$300 \times 800{,}000 円 \times 20\% = 48{,}000{,}000 円$

A敷地（特例適用あり）

$350 \times 800{,}000 円 \times (1 - 0.2) \times 20\% = 44{,}800{,}000 円$

C敷地（特例適用なし）

$250 \times 800{,}000 円 (1 - 0.7 \times 0.3) = 158{,}000{,}000 円$

<u>合計評価額　250,800,000円</u>

## (5)　面積制限の例外

　改正前では，会社・工場・商店の敷地である「特定事業用宅地等」，特定同族会社の不動産貸付事業等の一定の事業以外の用に使用されていた敷地である「特定同族会社事業用宅地等」，自宅の敷地である「特定居住用宅地等」およびアパート・マンション・駐車場の敷地である「貸付事業用宅地等」のうちいずれか2以上について小規模宅地等の特例を適用する場合，次の算式を満たす面積がそれぞれの宅地等の限度面積となります。減額される面積は最大400㎡となるように調整されます。

$\boxed{A + (B \times \dfrac{5}{3}) + (C \times 2) \leqq 400㎡}$

　　A：「特定事業用宅地等」，「特定同族会社事業用宅地等」の面積合計（400㎡
　　　まで）

　　B：「特定居住用宅地等」の面積合計（240㎡まで）

C：「貸付事業用宅地等」の面積合計（200㎡まで）

改正後では，平成27年1月1日より特定事業用宅地等または特定同族会社事業用宅地等と特定居住用宅地等との両方がある場合，従来行われていた面積調整の必要がなくなり，それぞれの限度面積まで併用して適用することができます。

自宅と会社や商店・工場の土地の双方を有する場合，それぞれの限度面積の合計730㎡（330㎡＋400㎡）まで適用可能となります。

ただし，貸付事業用宅地等については従来どおりの調整を行います。

### 相続対策と税務診断

(1) 相続する土地については，相続税評価における小規模宅地等の特例の要件をチェックし，適用することを第一に考えるべきです。
(2) この際，相続人がどのように使用するかによって評価減の適用が異なることに注意しなければなりません。
(3) また，遺産分割時には，相続人間で，相続土地の評価減後の価額，評価減前の価額，時価等のどれをもって行うか争いとなることもあります。

## 2 相続税対策としての不動産贈与と評価

### (1) 土地，建物の贈与時の評価

#### ① 土地（更地）の評価

土地の評価は，原則として，市街地的形態を形成する地域にある宅地は路線価方式，路線価方式以外の宅地は倍率方式で行います。

路線価方式とは，その土地の面する路線に付された路線価をもとに，奥行価格補正，側方路線影響加算などにより計算した金額に，地積を乗じて計算する方法です。

倍率方式とは，その土地の固定資産税評価額に評価倍率を乗じて計算する方法です。

② 借地権の評価

借地権の評価は，原則としてその借地権の目的となっている土地の自用地（更地）としての評価額に，その価額に対する借地権の売買実例価額，精通者意見価額，地代の額等をもとに，評定した借地権割合がおおむね同一と認められる地域ごとに国税局長の定める割合を乗じて計算した金額によって評価します。

③ 底地権の評価

底地権の評価は次のように評価します。

　　①の更地の評価×（1－借地権割合）

借地権割合は，路線価図または評価倍率表に示してあります。

④ 居住用宅地の評価

居住用宅地の評価は①の更地の評価と同様にして評価します。

⑤ 家屋（自用家屋）の評価

家屋の価額は，その家屋の固定資産税評価額に財産評価基本通達の別表1に定める倍率（別表1においてはこの倍率を1.0と定めています）を乗じて計算した金額によって評価します。

また，区分所有に係る家屋（マンション等）については，その家屋全体の評価額を基とし，専有部分および共用部分についてその使用収益等の状況により合理的に計算した価額によって評価します。

⑥ 貸家（借家権の目的となっている家屋）の評価

貸家の価額は，次の算式により計算した価額によって評価するものとされています。

　　固定資産税評価額×（1－借家権割合×賃貸割合）

課税時期において空家となっているときは，入居者を募集中であっても貸家には該当しないので自用家屋の評価となりますが，賃貸アパート等で継続的に賃貸されていて，課税時期において一時的に賃貸されていなかったと認められ

る場合は，貸家の評価となります。

## (2) 配偶者への居住用財産の贈与

配偶者から贈与を受け，一定の要件を満たすとき，基礎控除額110万円のほかに，贈与された居住用不動産の価額と贈与を受けた金銭のうち居住用不動産の取得に充てた部分の金額との合計額から最高2,000万円を控除することができます。

**ケース**

　土地100坪
　　路線価方式による評価額：1億円（夫名義）
　建物　60坪
　　固定資産税評価額：3,187万5,000円（夫名義）

この土地，建物の持分16％を夫より妻へ贈与する場合のケースについて検討すると，次のようになります。

　1億円×16％＋3,187万5,000円×16％＝2,110万円

　　　　　　　　　　配偶者控除額　基礎控除額
　2,110万円－2,000万円－110万円＝0 のように，贈与税は課税されません。

## (3) 居住用財産の贈与

**ケース**

2世帯住宅（父母と長男夫婦が居住）で，土地・建物ともに，父（60歳以上）の所有とします。

長男夫婦が住んでいる部分（建物価額：500万円）を土地（土地路線価：2,100

万円) も含めて,長男 (20歳以上) に贈与した場合,下記の①か②を選択することができます。

① 暦年課税の場合

土地・建物価額　基礎控除額　基礎控除後の課税価格
2,600万円 − 110万円 ＝ 2,490万円

2,490万円 × 45% − 265万円 ＝ 855.5万円

∴ 税額855.5万円

② 相続時精算課税の場合

土地・建物価額　特別控除額　特別控除額控除後の課税価格
2,600万円 − 2,500万円 ＝ 100万円

100万円 × 20% ＝ 20万円

∴ 税額20万円

贈与時は,税額は20万円ですが,相続時には,贈与時における価額2,600万円を相続財産に合算して計算した相続税額から,すでに支払った贈与税額20万円を控除した額が相続税額となります。

## (4) 負担付贈与

　負担付贈与により取得した財産の贈与税の課税価額の計算については,その財産の価額は,課税時期 (取得時) において自由な経済取引の下で通常成立すると認められる取引価額によって評価することとされています。

### ケース

　父名義の土地・建物 (通常の取引価額4,000万円,原価2,000万円,相続税評価額3,000万円) を子に対して贈与する場合で,父の銀行からの借入金残高3,000万円を子に肩代わりさせるような場合は,通常の取引価額4,000万円と負担額3,000万円との差額1,000万円が贈与税の課税対象となります。

　また,父は3,000万円で土地・建物を売却したことになりますので,3,000万円 − 2,000万円 ＝ 1,000万円の譲渡益が生じます。

### 相続対策と税務診断

(1) 生前の相続対策として贈与が行われますが，適用要件によってその方法，評価方法が変わります。
(2) 生前贈与は，生前に相続財産の配分となるものを先に行うわけですが，家族の状況をみておかなければなりません。
(3) 相続発生時に，相続人間で贈与されていた者とされていない者，あるいは，違いがある者との争いがおきることから贈与目的，贈与内容，贈与時期を明らかにしておいたほうがベターです。

## 3 ■ さまざまな不動産の相続税評価額の算定

農業を営み，自宅の土地建物のほか，貸地，アパートなどを所有しているA家の所有不動産の相続税の評価額の算定方法は次のようになります。なお，畑として耕作している一団の農地が4,000㎡ありますが，この農地は市街地農地であり，路線価地域内（普通住宅地区）に存在しています。

### (1) 自宅の土地と建物

自宅の土地は，自用地価額で評価します。また，自宅建物は，その建物の固定資産税評価額に財産評価通達の別表1に定める倍率（1.0と定めています）を乗じて計算した金額によって評価します。

〈評価額の計算〉
　　土地：330,000円×660㎡＝217,800,000円
　　建物：7,800,000円×1.0＝7,800,000円

なお、この自宅の敷地について一定の要件を満たし、小規模宅地の特例を選択した場合、330㎡までの部分については、その評価の80％を減額することができます。

## (2) 貸地の土地

土地の所有者が、自らその土地を貸駐車場として利用している場合には、その土地の自用地としての価額により評価します。

ただし、車庫などの施設を駐車場の利用者の費用で造ることを認めるような契約の場合には、土地の賃貸借になると考えられますので、その土地の自用地としての価額から、賃借権の価額を控除した金額によって評価します。つまり、賃借権の目的となっている雑種地の評価を算定することになるわけです。

〈利用者が自己の負担により、アスファルト塗装を施して駐車場として利用している場合〉

　　　課税時期から賃貸借契約終了までの残存期間：2年6カ月
　　　その雑種地の自用地としての評価額：20,000,000円

〈評価額の計算〉

雑種地の貸借権の価額：$20,000,000円 \times 5\% \times \frac{1}{2}$（相続税法第23条に規定する地上権の割合）$= 500,000円$

(注)　相続税法第23条には、法定地上権割合が定められており、残存期間が10年以下のものには、5％の割合を乗ずることとしています。

①　（自用地評価額）20,000,000円 －（貸借権の価額）500,000円 ＝ 19,500,000円

②　（自用地評価額）20,000,000円 ×（1 －（残存期間に応じた下表の割合）2.5％）＝ 19,500,000円

①と②のうちで、いずれか低い価額

∴ ① ＝ ② なので、19,500,000円

[地上権に準ずる権利として評価することが相当と認められる貸借権以外の貸借権の割合]

| 残存期間 | 割合 |
|---|---|
| 5年以下のもの | 2.5% |
| 5年を超え10年以下のもの | 5 % |
| 10年を超え15年以下のもの | 7.5% |
| 15年を超えるもの | 10% |

## (3) アパート用の土地と建物

アパート（貸家）用の土地はその敷地の用に供されている宅地を貸家建付地として評価します。ただし，アパートの貸借契約形態が使用貸借の場合には，貸家建付地とはならず，自用地としての評価になります。

貸家建付地は次のように評価します。

$$その宅地の自用地としての価額 - \left[その宅地の自用地としての価額 \times 借地権割合 \times 借家権割合 \times 賃貸割合\right]$$

アパートの評価は次のとおりです。

$$固定資産税評価額 \times (1 - 借家権割合 \times 賃貸割合)$$

東京国税局管内の借家権割合は30％とされています。

賃貸割合とは，貸家（アパート）にかかる各独立部分がある場合に，その各独立部分の賃貸状況に基づき計算した割合のことで，算式で示すと次のようになります。

$$\frac{Aのうち課税時期において賃貸されている各独立部分の床面積の合計(B)}{その家屋の各独立部分の床面積の合計(A)}$$

この賃貸割合の算定にあたって，継続的に賃貸されてきたもので，課税時期において一時的に賃貸されていなかったと認められる各独立部分がある場合には，その各独立部分の床面積を，賃貸されている各独立部分の床面積の合計(B)に加えて，課税時期においてその全体を賃貸されていたものとして取り扱っても差し支えないものとされています。

また，アパートの一部に空室がある場合の一時的な空室部分が，「継続的に

賃貸されてきたもので，課税時期において一時的に賃貸されていなかったと認められる」部分に該当するかどうかは，その部分が，①各独立部分が課税時期前に継続的に賃貸されてきたものかどうか，②賃借人の退去後速やかに新たな賃借人の募集が行われたかどうか，③空室の期間に他の用途に供されていないかどうか，④空室の期間が課税時期の前後の1カ月程度であるかなど一時的な期間であったかどうか，⑤課税時期後の賃貸が一時的なものでないかどうかなどの事実関係から総合的に判断されます。

## (4) 農地（現在耕作している広大地）

　農地は，評価上の区分として，市街地農地，市街地周辺農地，中間農地および純農地に分けられます。

　市街地農地で，路線価地域内にある農地は，宅地であるとした場合の1㎡当たりの価額から1㎡当たりの宅地造成費を控除した価額にその地積を乗じた額を評価額とします（宅地比準方式）。

　しかし，この農地が宅地であるとした場合に，その地域における標準的な宅地の地積に比して著しく広大な宅地であること等の要件を満たし，広大地に該当するときは，その広大地の面する路線の路線価に広大地補正率を乗じ，これにその広大地の地積を乗じた額を評価額とします。

　この広大地の評価額が宅地比準方式の評価額を上回るときは，宅地比準方式の価額により評価します。

① 広大地の規定を適用した場合

　　　路線価　　広大地補正率(注)　　地積
　　150,000円×　　0.4　　×4,000㎡＝240,000,000円

路線価　150千円/㎡
畑　4,000㎡　　　80m　　50m
奥行価格補正率　0.9(50m)
宅地造成費　26,128,000円
　　　　　　(6,532円/㎡)

② 宅地比準方式を適用した場合

　　　　路線価　　　奥行価格補正率　　宅地造成費　　　地積
　　（150,000円 ×　　　0.9　　　－ 6,532円）× 4,000㎡ = 513,872,000円

①＜②　∴①の240,000,000円　となります。

　（注）　広大地補正率 = 0.6 － 0.05 × $\frac{地積}{1,000㎡}$

## (5) 私道の評価

### ① 特定の者が通行する私道

　特定の者が通行する行止私道は，原則当該私道の用に供されている宅地を自用地として評価した価額の100分の30に相当する価額で評価します。

　ただし，行止私道には通常路線価は付されていないので，実務上所轄税務署に対して「特定路線価設定申出書」を提出して特定路線価を設定してもらい，この特定路線価を基に計算した宅地の価額の100分の30に相当する価額によって評価することになります。

### ② 不特定多数の者が通行する私道

　不特定多数の者の通行の用に供されている私道として利用されている宅地は，その価額を評価しないこととなります。

　この場合の「不特定多数の者の通行の用に供されている私道」とは，ある程度の公共性が認識される通り抜け私道であることが一般的には必要とされます。

### ③ 宅地の一部であるとして評価する私道

　宅地の所有者のみが通行の用に供しているものは，通常の宅地として評価することとなります。これは，当該宅地の利用や処分に何らの制約をも受けないこととされるからです。

### 相続対策と税務診断

(1)　不動産の相続税評価は，形状，利用状況等から，その適用要件によりさまざまな評価があります。

(2) 基本的には、上手に適用すれば評価減となるわけですから、積極的に正確に計算することが必要です。

(3) 相続人が取得した場合、利用が制限されていることがあるので、他の相続人間で理解を深めておくことが必要です。

## 4 ■ 相続対策としての貸地・借地の活用方法

(1) 相続税法上の評価

① 貸地（個人地主A，個人借地権B）を所有しているケース

　　　100坪　　路線価1,000,000円/坪
　　　　　　　　借地権割合60％

貸地の相続税法上の評価は、次のようにして計算されます。

　自用地としての評価額×（1－借地権割合）

100坪×1,000,000円/坪×（1－60％）＝40,000,000円

② 借地権付建物を所有しているケース

(イ) 借地権……個人地主C，個人借地権者D（個人借地権者Dが建物を利用している場合）

借地権の税務上の評価額は、次のようにして計算されます。

　自用地としての評価額×借地権割合

100坪×1,000,000円/坪×60％＝60,000,000円

(ロ) 貸家建付借地権……個人地主E，個人借地権者F，借家人G（個人借地権者Fが建物をGに賃貸している場合）

```
            ┌─────────┐    建物  路線価    1,000,000円/坪
            │ G  利用 │          借地権割合        60%
            ├─────────┤          借家権割合        30%
            │ F  所有 │          賃貸割合        100%
            ├─────────┤  土地
            │ F  借地権│
            ├─────────┤
            │ E（底地権）│
            └─────────┘
                100坪
```

貸家建付借地権の税務上の評価額は，次のようにして計算されます。

┌──────────────────────────────────┐
│ 自用地としての評価額×借地権割合                │
│ ×(1－借家権割合×賃貸割合)                    │
└──────────────────────────────────┘

100坪×1,000,000円/坪×60%×(1－30%×100%)＝42,000,000円

(ハ) 転貸借地権・転借権……個人地主H，借地権者I，転借地権者J

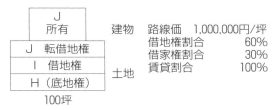

転貸借地権の税務上の評価額は，次のようにして計算されます。

┌──────────────────────────────────┐
│ 自用地として評価額×借地権割合×(1－借地権割合)    │
└──────────────────────────────────┘

100坪×1,000,000円/坪×60%×(1－60%)＝24,000,000円

転借権の税務上の評価額は，次のようにして計算されます。

┌──────────────────────────────────┐
│ 自用地として評価額×借地権割合×借地権割合        │
└──────────────────────────────────┘

100坪×1,000,000円/坪×60%×60%＝36,000,000円

## (2) 貸地の活用

① 上記(1)①の100坪を貸借人に路線価で売却した場合

個人地主Aの譲渡所得税計算は次のようにして行われます。

取得価額は売却金額の5％で，一般の長期譲渡。

所得税：(40,000,000円－40,000,000円×5%)×15.315%＝5,819,700円

住民税：(40,000,000円－40,000,000円×5%)×5%＝1,900,000円

② 貸地が無償で返還された場合

(イ) 税務の取扱い

地主Aは，みなし譲渡として課税されます。

所得税：(40,000,000円－40,000,000円×5％)×15.315％＝5,819,700円

住民税：(40,000,000円－40,000,000円×5％)×5％＝1,900,000円

(ロ) A・Bが法人のケースの税務の取扱い（土地の簿価はゼロとする）

(法人A)

寄　附　金　40,000,000円／固定資産売却益　40,000,000円

(法人B)

土　　地　40,000,000円／受　贈　益　40,000,000円

(ハ) Aが法人，Bが個人のケースの税務の取扱い（土地の簿価はゼロとする）

(法人A)

寄　附　金　40,000,000円／固定資産売却益　40,000,000円

(個人B)

譲渡所得として課税されます。

## (3) 借地の活用

① 上記(1)②の借地権と底地権とを交換するケース

(イ) 交換の要件

借地権と底地権を交換した場合には，原則的には取得した借地権または底地権の価額により譲渡があったものとして所得税が課されることとなります。

ただし，一定の要件を満たす交換の場合は譲渡がなかったものとして課税を繰り延べることができる特例があります。

この特例の要件は以下のとおりです。

・交換により譲渡した資産も取得した資産も，いずれも固定資産であること
・それぞれの所有者が１年以上当該固定資産を所有していること
・交換の相手方が持っていた資産が交換の目的で取得したものでないこと

・交換により取得した資産は，譲渡した資産の譲渡直前の用途と同一の用途に供すること
・当該固定資産は相互に同種類の資産であること
・交換により取得した資産の時価と譲渡した資産の時価との差額が，これらの時価のうちいずれか多い価額の20％以内であること

(ロ) 確定申告の方法

a．個人の場合

譲渡所得の計算は次のとおりです。

$$交換差金等金額 - \left\{(交換譲渡資産の取得費＋譲渡経費) \times \frac{交換差金等金額}{(交換取得資産の時価＋交換差金等金額)}\right\}$$

また，この特例の適用を受けるためには，交換のあった年分の確定申告書に特例の適用をする旨を記載し，交換について記載した譲渡所得の内訳書を添付し，所轄税務署長に提出しなければなりません。

b．法人の場合

圧縮限度額の計算は次のとおりです。

・交換差益等がない場合の圧縮限度額

$$取得資産の価額 - (譲渡資産の譲渡直前の帳簿価額＋譲渡経費)$$

・交換差益等を取得した場合の圧縮限度額

$$取得資産の価額 - (譲渡資産の譲渡直前の帳簿価額＋譲渡経費) \times \frac{取得資産の価額}{(取得資産の価額＋交換差金等)}$$

・交換差益等を支払った場合の圧縮限度額

$$取得資産の価額 - (譲渡資産の譲渡直前の帳簿価額＋譲渡経費＋交換差金等)$$

② **借地を無償で返還した場合**

(イ) 税務上の取扱い

a．個人の場合

借地の返還は，その返還が次のような事由に基づくものである場合を除き，所得税法第59条第1項に規定する譲渡所得の基因となる資産の移転に含まれる

こととなります。
- 借地権等の設定に係る契約書において，将来借地を無償で返還することが定められている場合
- 当該土地の使用目的が単に駐車場等として土地を更地のまま使用していた場合
- 借地上の建物が著しく老朽化したこと，その他これに類する事由により借地権が消滅し，またはこれを存続させることが困難であると認められる事情が生じた場合

これらの事由に該当しない場合は，譲渡所得の基因となる資産の移転に含まれることとなります。

b．法人の場合

原則として時価（通常の取引価額）で譲渡したものとみなし，認定課税（法基通13－1－14）が行われます。

ただし，借地権の無償譲渡をしたときであっても，次のような場合は認定課税は行われません。
- 借地権の設定等に係る契約書において，将来，借地権を無償で返還することが定められていることを届け出ている場合
- 土地の使用が使用貸借契約によるものであることを税務署に届け出ていること
- 土地の使用の目的が単に駐車場等として土地を更地のまま使用するものであること
- 借地上の建物が著しく老朽化したこと，その他これに類する事由により，借地権が消滅し，またはこれを存続させることが困難であると認められる事情が生じたこと

㊦　CおよびDが法人のケースの税務の取扱い

原則として，時価で譲渡したものとみなされます。

借地権の帳簿価額が30,000,000円で，時価が60,000,000円であるとすると，税務上の取扱いは次のようになります。

（法人D）
現金預金　60,000,000円／借地権譲渡収入（益金）　60,000,000円

| 借地権譲渡原価（損金） | 30,000,000円／借　地　権　30,000,000円 |
| 寄附金（損金） | 60,000,000円／現金預金　60,000,000円 |

（法人C）

　法人Cが当該土地の借地権設定時に土地の簿価を減額している場合には，その減額した部分の金額を土地の簿価に加算し，受贈益を益金に計上することとなります。これは，法人C側から見ると貸していた土地が戻ってきたのであり，土地の帳簿価額を当該土地が更地であったときの帳簿価額に戻すため加算することとなるのです。

　また，借地権設定時に処理を行っていない場合は，借地権の取得価額を土地の簿価に加算することとなります。

　ただし，上記(イ)に示した認定課税が行われない場合に該当するときは，税務上の調整はありません。

　(ハ)　Cが法人，Dが個人のケースの税務の取扱い

　　ａ．C法人の税務上の取扱い

　C法人は，無償で返還されたため益金に計上し，土地の取得価額に算入します。

　ただし，借地の返還が上記(イ)に示した事由に該当するときは，税務上の調整はありません。

　　ｂ．個人の税務上の取扱い

　D個人は，借地権の譲渡所得として課税されます。

　ただし，借地の返還が上記(イ)に示した事由に該当するときは，税務上の調整はありません。

## 相続対策と税務診断

(1)　土地が貸地であり，他人の借地権が付いていたり，逆に，相続財産の中に他人からの借地権があるような場合は，そのままでは活用できない可能性があり，相続人の決定等には，その後の利用方法も考えておかなければなりません。

(2) したがって，生前に貸地・借地の整理をしておく必要があります。そのためには，譲渡したり等価交換して活用しやすいようにしておく必要があります。

(3) 相続時に，特に貸地となっているような場合には，貸借人との関係で活用が難しく，遺産分割にも影響するので，極力，生前に管理しておくべきです。

## 5 ■ 相続税と代償分割

父の相続が発生しましたが，相続財産は不動産が大部分でしたので，相続税納付と代償分割のため，申告期限までに相続した土地の一部を売却したいと考えています。この場合，相続税と代償分割の資金のフローは次のとおりです。

【ケース】

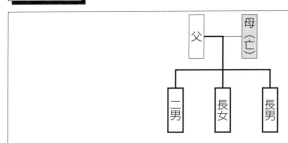

【相続財産】
(1) 自宅土地建物150㎡　評価額50,000,000円(注1)
(2) 駐車場土地200㎡　評価額70,000,000円(注2)
(3) 現金預金　30,000,000円
　　(注1)　評価額は小規模宅地の特例を適用後の数値である。
　　(注2)　駐車場土地は長男が取得後に100,000,000円で売却した。
　　　　　譲渡に要した費用は5,000,000円であった。

【分　割】
長男……上記，相続財産を全て取得する。
長女……長男より代償金として30,000,000円を取得する(注3)。
二男……長男より代償金として30,000,000円を取得する(注3)。
　　(注3)　代償財産の額は，相続財産である土地の代償分割時の時価を基に決定していない。

## (1) 相続税額の計算

(単位：円)

| 取得財産等 | 長男 | 長女 | 二男 | 合計 |
|---|---|---|---|---|
| 土地の合計額 | 120,000,000 | 0 | 0 | 120,000,000 |
| 現金，預貯金等 | 30,000,000 | 0 | 0 | 30,000,000 |
| 代償金 | ▲60,000,000 | 30,000,000 | 30,000,000 | 0 |
| 課税価格 | 90,000,000 | 30,000,000 | 30,000,000 | 150,000,000 |
| 基礎控除 | — | — | — | 48,000,000 |
| 各人の相続税額 | 8,640,000 | 2,880,000 | 2,880,000 | 14,400,000 |

　代償分割とは，遺産の分割にあたり共同相続人などのうちの1人または複数人に現物の相続財産を取得させ，その現物を取得した人が他の共同相続人などに対して金銭を支払うなどの債務を負担することによる遺産の分割で，現物分割が困難な場合に行われる方法です。

　この場合，相続税の課税価格の計算については，①代償財産を交付した人の課税価格は，相続により取得した現物の財産の価額から，交付した代償財産の価額を控除した金額となり，②代償財産の交付を受けた人の課税価格は，相続により取得した現物の財産の価額と交付を受けた代償財産の価額の合計額となります。

　なお，代償財産として交付する財産が相続人固有の不動産の場合，遺産の代償分割により負担した代償債務を履行するための資産の移転となるので，その履行した人については，その履行時における時価によりその資産を譲渡したことになり，所得税が課税されます。

　一方，代償財産として不動産を取得した人は，その履行があった時の時価により，その資産を取得したことになります。

## (2) 譲渡所得税の計算

　相続税の取得費加算については，相続により取得した土地，建物，株式などの財産を，一定期間内に譲渡した場合には，課税された相続税額のうち一定金額を譲渡資産の取得費に加算することができる特例があります。

　この特例を受けるためには，次の要件を満たさなければなりません。

① 譲渡した人が相続や遺贈により財産を取得した者であること
② その財産を取得した人に相続税が課税されていること
③ その財産を，相続税の申告期限の翌日以後3年を経過する日までに譲渡すること

相続した土地を売却し，特例を受けるための要件を満たす場合の取得費に加算する相続税の額は，次の(イ)または(ロ)の金額を計算し，そのうちいずれか低い金額となります。

(イ) 土地等を売った人にかかった相続税額のうち，その人が相続で取得した全ての土地等に対応する額で計算した金額の合計額。ただし，譲渡した相続財産が代償分割により代償金を支払って取得した財産である場合には，所定の調整が必要となります。

(注1) 土地等とは土地および土地の上に存する権利をいいます。

(注2) 土地等には，相続時精算課税の適用を受けて相続財産に合算された贈与財産である土地等や，相続開始前3年以内に被相続人から贈与により取得した土地等が含まれ，相続開始時において棚卸資産または準棚卸資産であった土地等や物納した土地等および物納申請中の土地等は含まれません。

$$\text{その者の相続税} \times \frac{\text{その者の相続税の課税価格の計算の基礎とされたその譲渡した財産の価額}}{\text{その者の相続税の課税価格} + \text{その者の債務控除額}} = \text{取得費に加算する相続税の額}$$

(ロ) この特例を適用しないで計算した譲渡所得の金額

長男の譲渡所得税等については，長男が相続した駐車場敷地を売却し，長女と二男に代償金として各々に30,000,000円支払う場合の譲渡に係る所得税・住民税は，下記のとおりです。

［条件］ 土地の譲渡金額100,000,000円
　　　　譲渡した土地の取得費5,000,000円
　　　　土地の譲渡費用5,000,000円

［譲渡所得税・住民税の計算］

　　　　土地の譲渡金額　　　　取得費　　　取得費に加算される相続税額　　　譲渡費用
　　｛100,000,000円 − (5,000,000円 + 　　　4,032,000円　　　 + 5,000,000円)｝
　　× 20.315% ≒ 17,464,300円

［取得費加算額の計算］

　　　　　長男の相続税額　　　　　　　　　　　　　取得費に加算される相続税額
　(イ)　8,640,000円 × $\frac{42,000,000円}{長男の相続税の課税価額90,000,000円}$ = 4,032,000円

※70,000,000円（譲渡した相続財産の相続税評価額）− 60,000,000円（支払代償金）× 70,000,000円（譲渡した相続財産の相続税評価額）/（90,000,000円（相続税の課税価格）+ 60,000,000円（支払代償金））= 42,000,000円

　　　　　土地の譲渡金額　　　取得費　　　　譲渡費用
　(ロ)　100,000,000円 − (5,000,000円 + 5,000,000円) = 90,000,000円

　　［判定］　イ＜ロ　∴4,032,000円

## (3) 代償分割・納税の資金フロー

　(1)に述べたように，代償分割をしたとしても，相続財産の総額が増えるわけではなく，総額は，150,000,000円と変わりません。

　ただし，長女，二男が，代償分割によって取得した代償金は，相続税の課税対象となるので，それに応じて相続税の負担をしなければならず，受け取った代償金の中から相続税を納めることになります。また，代償分割をする場合には，明確に遺産分割協議書に記載しておく必要があります。

　さらに，代償金が分割協議通りに支払われないことにより，相続人の間でトラブルが生じてしまうこともあり得るので，分割協議書には，代償金の支払期日や支払方法等も記載しておくのが望ましいでしょう。

(単位：円)

|  | 長男 | 長女 | 二男 | 合計 |
|---|---|---|---|---|
| 相続時取得資金 | 30,000,000 | 0 | 0 | 30,000,000 |
| 駐車場譲渡資金 | 95,000,000 | — | — | 95,000,000 |
| 代償金 | ▲60,000,000 | 30,000,000 | 30,000,000 | 0 |
| 譲渡所得税 | △17,464,300 | — | — | △17,464,300 |
| 各人の相続税額 | △8,640,000 | △2,880,000 | △2,880,000 | △14,400,000 |
| 納税後資金残高 | 38,895,700 | 27,120,000 | 27,120,000 | 93,135,700 |

　上記(1)の相続により，長男は，現金預金の30,000,000円の資金を相続により取得しました。そして，上記(2)で，駐車場を売却することにより，100,000,000円の資金を取得し，長女，二男へ，代償金として，30,000,000円ずつを渡します。

　長男は，譲渡所得税として17,464,300円，相続税として8,640,000円の納税をすることになります。また，駐車場の譲渡時には，諸費用5,000,000円を支払っています。

　長女，二男は，それぞれ代償分割により受け取った代償金30,000,000円から，相続税を2,880,000円納付することになります。

### 相続対策と税務診断

(1)　代償分割は，ケースのように，駐車場を申告期限までに売却でき，交付する代償金の準備ができれば，比較的スムーズに進めていくことができます。

　　しかし，相続した不動産が自宅のみである場合など，売却を容易にできない事情があるときは，相続した不動産（自宅）を担保に借入による資金調達が必要になることも考えられます。

(2)　このように，代償分割においては，代償金を負担して財産を取得する相続人に，他の共同相続人に対して代償金を交付する支払能力があるかどうかが，ポイントとなります。

(3)　将来の相続に備え，代償分割を検討するときは，代償金の支払能力についても検討し，事前に準備することが大切です。

# 6 農地の相続税評価と納税猶予のメリット

## (1) 農地の評価

### ① 純農地の評価

その農地の固定資産税評価額に，国税局長の定める倍率を乗ずる倍率方式によって評価します。

$$\text{純農地の固定資産税評価額} \times \text{倍率} = \text{評価額}$$

### ② 市街地農地の評価

宅地比準方式または倍率方式により評価します。

$$\left(\begin{array}{l}\text{その農地が宅地であるとし} \\ \text{た場合の1㎡当たりの価額}\end{array} - \begin{array}{l}\text{1㎡当たりの造} \\ \text{成費の金額}^{※}\end{array}\right) \times \text{地積} = \text{評価額}$$

※宅地造成費は，その金額表が国税局ごとに公表されています。造成費には，主なものに，整地費，地盤改良費，土盛費，土止費等があります。

市街地農地が宅地であるとした場合において，広大地に該当するときは，その市街地農地の評価額は，次の算式によります。

$$\text{市街地農地の1㎡当たり宅地比準価額} \times \left(0.6 - 0.05 \times \frac{\text{農地の地積}}{1,000㎡}\right) = \text{市街地農地の評価額}$$

ただし，市街地農地を広大地として評価した価額が，上式によって評価した価額を上回る場合には，これによって評価します。

### ③ 生産緑地の評価

$$\text{生産緑地でないとした場合の評価額} \times (1 - \text{生産緑地に係る割合}^{※}) = \text{評価額}$$

※課税時期において市町村長に対し買取りの申出をすることができない生産緑地に係る割合

| 納税時期から買取りの申出をすることができることとなる日までの期間 | 割合 |
|---|---|
| 5年以下 | 10% |
| 5年超10年以下 | 15% |
| 10年超15年以下 | 20% |
| 15年超20年以下 | 25% |
| 20年超25年以下 | 30% |
| 25年超30年以下 | 35% |

※課税時期において市町村長に対し買取りの申出が行われていた生産緑地または買取りの申出をすることができる生産緑地に係る割合　5％

## (2) 農地に係る相続税猶予制度

### ① 農地に係る納税猶予制度

　農地に係る納税猶予制度は，相続や贈与による農地の細分化の防止および農業経営の後継者を育成するという趣旨から設けられたものです。

　具体的には，農地等を相続した場合の相続税の納税猶予の特例と農地等を生前一括贈与した場合の贈与税の納税猶予の特例の2つが租税特別措置法において規定されています。これらは，一定の要件下において農業経営の後継者または農業相続人が，農業経営を継続することを前提として設けられたものです。

　両制度のうち，まず昭和39年に贈与税の納税猶予制度が創設されました。しかし，贈与税の納税猶予制度では，贈与者が死亡した場合には，その猶予の対象となった農地等を相続により受贈者が取得したものとみなして相続税が課されるというものでした。そこで，この贈与税の納税猶予制度を補完するために，昭和50年度の税制改正により，農地等を相続により取得した者が，一定の要件の下で，その農地等に係る相続税について納税を猶予する制度が設けられたのです。

### ② 相続税の納税猶予制度

　相続税の納税猶予制度は，生前農業を営んでいた被相続人から，相続もしくは遺贈により，その農業の用に供されていた農地および採草放牧地または準農

地を取得した者であって，その後も農業を営んでいく者につき，当該農地等の農業投資価格を超える部分の価額に対応する相続税について，一定の要件の下に，納税猶予の期限が確定するまで，納税を猶予するものです（租税特別措置法第70条の6）。

　この制度の適用を受けるための要件として，被相続人は，生前において所有していた農地等について死亡の日まで農業を営んでいた個人や，生前において農地等を一括贈与した場合の贈与税の納税猶予の適用に係る贈与をした個人等に限られます。

　また，この制度の適用を受けることができる相続人とは，相続税の申告期限までに農業経営を開始し，その後も引き続き農業経営を継続する者として，農業委員会が証明した者に限られます。

　さらに，平成17年4月1日以後の相続等に係る納税猶予については，全ての納税猶予の適用を受ける農業相続人は，3年ごとの継続届出書の提出と農業経営に関する事項の記載が必要とされています。

### ③　相続税および贈与税の納税猶予関係

　相続税および贈与税の納税猶予制度は，上記(1)でも述べましたように，農地の細分化の防止および農業経営の後継者を育成するという趣旨から制度化されました。

　相続税の納税猶予は，贈与税の納税猶予を選択しなくとも適用できますが，農地等の承継過程における課税関係は贈与税の納税猶予適用後，贈与者の死亡により相続が発生し，その相続人が一定の要件の下に相続税の納税猶予制度を適用することができるため，両制度は相互に接続した関係にあるということができます。

## (3) 農地の相続で猶予存続か売却かのシミュレーション

**ケース**

```
被相続人X ─────── 配偶者Y（11年前に死亡）
        │
        │
      長男A（長男AはXの農業に従事している）
```

[相続財産の評価額]
　農地（生産緑地）500,000,000円
　　　　　　　　　（2,000㎡　250,000円/㎡）
　1,000㎡当たりの農業投資価格　860,000円
　　農業投資価格により計算した価額　1,720,000円
　農地については11年前の被相続人の配偶者Yの相続時に納税猶予した。
　宅　地　250,000,000円
　現預金　110,000,000円

〔相続にあたり，農地について納税猶予の存続をするか売却するかを検討しているケース〕

　納税猶予の存続をせず売却する場合の相続税の総額
　　　381,200,000円
　納税猶予を存続する場合の相続税の総額
　　　120,860,000円
　譲渡金額　取得費5％　仲介手数料3％　譲渡所得の税率20.315％（住民税を含む）
　とする

● 300,000円/㎡で売却する場合の資金残高計算
　2,000㎡ × 300,000円 = 600,000,000円
　（600,000,000円 × 0.95 − 332,441,860円 − 18,000,000円）× 20.315％
　= 44,603,000円（所得税）
　110,000,000円 + 600,000,000円 − 18,000,000円 − 381,200,000円 − 44,603,000円
　= 266,197,000円

● 250,000円/㎡で売却する場合の資金残高計算
　2,000㎡ × 250,000円 = 500,000,000円
　（500,000,000円 × 0.95 − 332,441,860円 − 15,000,000円）× 20.315％

＝25,913,000円（所得税）
　110,000,000円＋500,000,000円－15,000,000円－381,200,000円－25,913,000円
　＝187,887,000円
●200,000円/㎡で売却する場合の資金残高計算
　2,000㎡×200,000円＝400,000,000円
　(400,000,000円×0.95－332,441,860円－12,000,000円)×20.315％
　＝7,223,000円（所得税）
　110,000,000円＋400,000,000円－12,000,000円－381,200,000円－7,223,000円
　＝109,577,000円
●150,000円/㎡で売却する場合の資金残高計算
　2,000㎡×150,000円＝300,000,000円
　(300,000,000円×0.95－332,441,860円－9,000,000円)＜0　∴0円
　110,000,000円＋300,000,000円－9,000,000円－381,200,000円＝19,800,000円
●納税猶予を存続させた場合の資金残高計算
　110,000,000円－120,860,000円＝△10,860,000円

このように売却金額によって相続後の資金残高が変わるので，売却金額をみて納税猶予の存続か売却かを検討する必要があります。

### 相続対策と税務診断

(1) 農地の相続の場合，第一に農業相続人が誰になるかが主要です。農業相続人になる人も限られるでしょう。
(2) 農地については，納税猶予制度があり，相続発生前から農業相続を決めておき手続きを早めにやっていく必要があります。
(3) 農地でも，将来宅地化できるものがある場合は活用を考えておき，遺産分割等に相続人どうしが理解しておかないとその後の相続争いになる可能性もあります。

# 7 ■ 個人と法人間の不動産譲渡

## (1) 個人から法人へ譲渡するケース

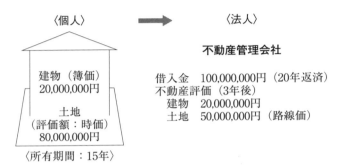

### ① 譲渡益の計算（長期譲渡所得）

　　　　　　売却代金　　　　　　　　　取得費及び諸費用
(80,000,000円 + 20,000,000円) − (4,000,000円 + 20,000,000円 + 4,000,000円) = 72,000,000円

　土地の取得原価は、売買価額の5％（4,000,000円）とし、諸費用は4,000,000円とします。諸費用の主なものとして、登記関係費用、印紙代、仲介手数料、測量費用等があげられます。

所得税　　72,000,000円 × 15％ = 10,800,000円　①
復興特別税　10,800,000円 × 2.1％ = 226,800円　②
地方税　　72,000,000円 × 5％ = 3,600,000円　③

　　税額① + ② + ③：14,626,800円

### ② 法人の株価の変化（株式数：1,000株）

　不動産購入前は下記のとおりです。

現預金　10,000,000　　諸負債　10,000,000
諸資産　50,000,000
　　　　──────　　　　　──────
　　　　60,000,000　　　　　　10,000,000

　不動産購入後3年経過では、現預金、諸資産、諸負債は3年前と同額とし、

建物は固定資産評価額，土地は路線価評価額とします。

| | | | |
|---|---|---|---|
| 現預金 | 10,000,000 | 諸負債 | 10,000,000 |
| 建　物 | 20,000,000 | 借入金 | 85,000,000 |
| 土　地 | 50,000,000（路線価評価額）（簿価：80,000,000） | | |
| 諸資産 | 50,000,000 | | |
| | 130,000,000 | | 95,000,000 |

純資産価額：35,000,000円　　1株当たり：35,000円

**（税務診断）**

次のような手続と証拠資料の準備が必要である。

① 不動産売買価額の決定——鑑定評価，査定，市場価格，調査報告書等
（必要書類）登記簿謄本，固定資産税評価証明書，公図，地積測量図等
② 契約締結——契約書作成，取引金額に応じて印紙を貼付，手付金の授受，仲介手数料等
③ 登記手続——所有権移転登記，登録免許税
（必要書類）固定資産税評価証明書，印鑑証明書，住民票，権利証等
④ 税務申告——売買契約書，手付金，残代金等の領収書，その他の譲渡費用等

この場合の留意点は次のとおりです。

・取得価額が不明の場合，売買価額の5％が取得原価となります。
・法人で不動産取得後3年以内の場合は，相続税評価額は通常の取引価額となります。

## (2) 法人から個人へ譲渡するケース

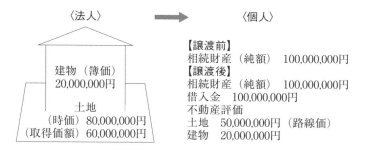

① 譲渡益の計算

> 法人の資本金　10,000,000円
> 譲渡価額　　　100,000,000円
> 他に所得はないものとします。

- 譲渡益
   100,000,000円 −(60,000,000円 + 20,000,000円)= 20,000,000円(譲渡益)
- 法人税等
   8,000,000円 × 15% = 1,200,000円
   12,000,000円 × 23.4%※ = 2,808,000円
   　　　　　　　　計　4,008,000円(法人税)

   ※平成30年11月1日以降開始する事業年度は23.2%

   地方法人税
   4,008,000円 × 4.4% = 176,300円
   4,000,000円 × 3.4% + 4,000,000円 × 5.1% + 12,000,000円 × 6.7%
   　　　　　　　　　　　　　　　　　　　　　= 1,144,000円(事業税)
   1,144,000円 × 43.2% = 494,200円(地方法人特別税)百円未満切捨
   4,008,000円 × 12.9% = 517,000円(法人都民税法人税割)百円未満切捨
   70,000円(法人都民税均等割)
- 法人税等合計
   4,008,000円 + 176,300円 + 1,144,000円 + 494,200円 + 517,000円 + 70,000円
   　　　　　　　　　　　　　　　　　　　　　= 6,409,500円

② 個人の相続税の減少額

**ケース**

> 法定相続人は長男と次男の2人である。取得した建物は貸家(貸付割合100%)。建物の固定資産税評価額は20,000,000円。借地権割合70%、借家権割合30%である。小規模宅地の特例等は加味していない。

(イ) 購入前

相続財産　100,000,000円

相続税　100,000,000円 − (30,000,000円 + 6,000,000円 × 2人) = 58,000,000円

58,000,000円 × 1/2 = 29,000,000円

29,000,000円 × 15% − 500,000円 = 3,850,000円

3,850,000円 × 2人 = 7,700,000円（相続税）

(ロ) 購入後

相続財産　100,000,000円…①

（土地評価額）50,000,000円 − (50,000,000円 × 70% × 30% × 100%) =

39,500,000円…②

（建物評価額）20,000,000円 × 70% = 14,000,000円…③

（借入金）100,000,000円…④

① + ② + ③ − ④ = 53,500,000円

相続税　53,500,000円 − (30,000,000円 + 6,000,000円 × 2人) = 11,500,000円

11,500,000円 × 1/2 = 5,750,000円

5,750,000円 × 10% × 2人 = 1,150,000円（相続税）

(ハ) 相続税の減少額

(ロ) − (イ) = 1,150,000円 − 7,700,000円 = △6,550,000円

∴ 個人の相続税の減少額は6,550,000円となります。

**（税務診断）**

次のような手続きと証拠資料の準備が必要である。

① 譲渡代金の決定　　同族法人の場合，譲渡代金が問題となります。

適正な価額（時価）でなければ，低額譲渡等の問題が発生する可能性があります。

② 個人が購入資金調達

③ 不動産売買契約書の作成

④ 契約および代金決済

⑤ 登記——個人には登録免許税や不動産取得税等の諸費用が発生します。

⑥ 税務申告——本問では，法人の株価については考慮していませんが，個人が同族法人の株式を所有している場合は，その持分について相続財産とな

ります。したがって，法人が不動産を売却することによって，株価が上昇し，相続財産が増加する場合もあるため留意する必要があります。また，譲渡代金によっては，法人税等の金額が大きくなる可能性があるため，譲渡時期（繰越欠損金の有無など）や譲渡代金を十分に考慮する必要があります。

### (3) 個人から法人への貸付金があるケース

**ケース**

```
〈法人〉                              〈個人〉
個人からの借入金      債務免除        法人へ貸付金
40,000,000円        ←――――         40,000,000円

法人の繰越欠損金額
70,000,000円
                                     個人へ
法人所有不動産簿価    ――――→       時価40,000,000円で譲渡
                     代物弁済
10,000,000円                         相続税評価額
                                     10,000,000円
```

① **法人**

・債務免除の場合の仕訳

（借方）借　入　金　40,000,000　（貸方）債務免除益　40,000,000

債務免除益は繰越欠損金と相殺できる。

・不動産譲渡の場合の仕訳

（借方）現　預　金　40,000,000　（貸方）不　動　産　10,000,000
　　　　　　　　　　　　　　　　　　　　固定資産売却益　30,000,000

② **個人――相続税の軽減額**

債務免除をした場合，40,000,000円相当額の相続財産を減少させることができます。相続税の税率10％の場合，債務免除することにより相続税が4,000,000円減少します。

法人不動産を取得した場合，30,000,000円相当額の相続財産を減少させること

ができます。

　　（40,000,000円 − 10,000,000円 ＝ 30,000,000円）

　相続税の税率が10％の場合，不動産取得により相続税が3,000,000円減少します。

③　法人不動産（時価40,000,000円）を個人の借入金
　40,000,000円の相殺のため代物弁済する場合──法人の仕訳
（借方）現　預　金　40,000,000　（貸方）不　動　産　10,000,000
　　　　　　　　　　　　　　　　　　　　固定資産売却益　30,000,000

#### 相続対策と税務診断

(1)　同族会社の不動産取引では，利益相反取引に該当する可能性があるため，取締役会等の承認を受ける必要があります。また，個人と同族会社間の取引は税務当局からその売買価額の信憑性，妥当性について不正がないかチェックを受ける可能性があるため，価額の決定には注意が必要です。
(2)　不動産を相続対策で，個人と法人で売却する場合は，その不動産が収益物件である場合には，得られる収益余剰額，すなわち利益（または所得）分を誰が相続するかということになり，相続人間のメリットが違ってくるので争いのタネになります。
(3)　不動産を個人から法人に集中させることは将来の相続財産土地の分散を防ぐことにもなりますので，相続人間の調整をしておく必要があります。

## 8　個人所得の確定申告時の注意点

### (1)　不動産所得の青色申告時の注意点

#### ①　青色申告要件
　(イ)　帳簿作成
　　　正規の簿記（複式簿記）の原則に従った記帳に基づいて作成した貸借対

照表を損益計算書とともに，期限内提出の確定申告書に添付し，事業的規模の場合には最高65万円を控除することができますが，そうでない場合は最高10万円までの控除となります。

　(ロ)　届出手続

　　新規開業で1月15日以前に開業したときは，その年の3月15日までに「青色申告承認申請書」を提出しなければなりませんし，1月16日以降に開業したときは2カ月以内に提出しなければなりません。

　　また，白色申告からの切替えの場合は，青色申告をしようとする年の3月15日までに提出しなければなりません。

② **減価償却**

　(イ)　平成19年3月31日以前取得分

　　その名称が，定額法は旧定額法に，定率法は旧定率法に改められました。計算の仕組みは改正前の定額法，定率法と同じです。前年末までの減価償却費の累積額が償却可能限額（取得価額の95％）に達している場合には，その達した年分の翌年分以後5年間で1円まで均等償却することとされました。なお，この均等償却は，平成20年分からの適用となります。

　(ロ)　平成19年4月1日以後取得分

　　改正前の償却可能限度額（取得価額の95％）および残存価額が廃止され，新たな償却方法（定額法・定率法）により計算することとされました。未償却残高が1円になるまで償却することとされ，新たな償却方法の計算において適用される定額法の償却率および定率法の償却率が定められました。

③ **損益通算**

　不動産所得が赤字の場合で，不動産所得の金額の計算上必要経費に算入した金額のうちに土地等の取得に係る借入金の利子の額があるときは，その借入金の利子の額に対応する赤字は，他の所得の黒字から差し引くこと（損益通算）ができません。

## (2) 譲渡所得関係の注意点

### ① マイホームを売ったとき

所有期間の長短に関係なく譲渡所得の金額から最高3,000万円を控除できる特例があります。

(イ) 適用要件

i 居住用家屋を譲渡するか，家屋とともにその敷地や借地権を譲渡すること

ii 譲渡した年の前年および前々年に，この特例またはマイホームの買換えやマイホームの交換の特例，もしくはマイホームの譲渡損失についての損益通算および繰越控除の特例や適用を受けていないこと

iii 譲渡した家屋や敷地について，収用等の場合の特別控除など他の特例の適用を受けていないこと

iv 災害によって滅失した家屋の場合は，その敷地を，住まなくなった日から3年目の年の12月31日まで譲渡すること

v 以前住んでいた家屋等を取り壊した場合は，次の全ての要件に該当すること

・その敷地の譲渡契約が，家屋を取り壊した日から3年目の年の12月31日までに売ること

・家屋を取り壊してから譲渡契約を締結した日まで，その敷地を他の用途に供していないこと

vi 売手と買手の関係が，親子や夫婦など特別な間柄でないこと

また，居住用財産を譲渡して，一定の要件に当てはまるときは，長期譲渡所得の税額を通常の場合よりも低い税率で計算する軽減税率の特例を受けることができます。

(ロ) マイホームの譲渡損失の損益通算と繰越控除の特例

個人が平成29年12月31日までの間に譲渡の年の1月1日における所有期間が5年を超える居住用財産の譲渡をした場合において，その個人が特定譲渡に係る契約を締結した日の前日において譲渡資産に係る住宅借入金等の金額を有しており，かつ，その特定譲渡による譲渡所得の金額の計算上

生じた損失の金額がある場合には，その損失の金額のうち一定の金額について，他の所得と損益通算する特例および翌年以後3年内の各年分の総所得金額等の金額の計算上一定の方法により繰越控除する特例の適用を受けることができます。

② マイホームの買換え

特定の居住用財産を，平成29年12月31日までに売って，別の居住用財産に買い換えたときは，一定の要件に基づき，譲渡益に対する課税を将来に繰り延べることができます。

また，平成29年12月31日までの期間内に所有期間が5年を超える居住用財産を譲渡した場合で，その年の12月31日において買換え資産に係る住宅借入金等の金額を有するとき等は，その譲渡損失の金額は一定の順序に従い他の所得から控除することができます。

③ 相続財産を譲渡した場合の取得費の特例

この特例は，相続した土地や建物を，一定期間内に譲渡した場合には，相続税額のうち一定金額を譲渡資産の取得費に加算することができるというもので，特例を受けるための要件は次のとおりです。

・相続や遺贈により土地や建物を取得した者であること
・その土地や建物に相続税が課税されていること
・その土地や建物を，相続開始のあった日の翌日から相続税の申告期限の翌日以後3年を経過する日までに譲渡すること

④ 取得費に加算する相続税の額の計算

取得費に加算する相続税の額は，次の(イ)および(ロ)で計算した金額の合計額またはハの金額のいずれか低い金額となります。

(イ) 土地等を譲渡した場合──土地等を譲渡した人に課せられた相続税額のうち，その者が相続や遺贈で取得した全ての土地等に対応する額

$$\text{その人の相続税} \times \frac{\text{その人の相続税の課税価格の計算の基礎とされたその譲渡した土地等の価額の合計額}}{\text{その人の相続税の課税価格} + \text{その人の債務控除額}} = \text{取得費に加算する相続税の額}$$

(ロ) 建物を譲渡した場合——建物を譲渡した人に課せられた相続税額のうち，譲渡した建物に対応する額

$$\text{その人の相続税} \times \frac{\text{その人の相続税の課税価格の計算の基礎とされたその譲渡資産の価額}}{\text{その人の相続税の課税価格} + \text{その人の債務控除額}} = \text{取得費に加算する相続税の額}$$

(ハ) この特例を適用せずに計算した譲渡所得の金額

## (3) 贈与の注意点

### ① 相続時精算課税制度（居住用）——住居取得の場合の申告要件

平成15年度の税制改正により，財産の贈与を受けた人は，一定の要件に該当する場合には，従来の贈与税の課税方式に代えて，相続時精算課税制度の適用を選択することができるようになりました。

相続時精算課税を選択した場合，特別控除額2,500万円までは贈与税が課税されず，2,500万円を超える部分については一律20％の税率により課税されることになります。また，自己の居住用の住宅取得のための資金の贈与を受けた場合は，2,500万円のほかに住宅資金特別控除額を控除することができます。

贈与者の要件として，贈与の年の１月１日において，60歳以上の親であることがありますが，住宅取得のための資金の贈与であるときは，60歳未満でもかまいません。

### ② 配偶者の贈与——住居の場合の申告要件

配偶者から贈与を受け，次の要件を満たすとき，基礎控除額110万円のほかに，贈与された居住用不動産の価額と贈与を受けた金銭のうち居住用不動産の取得に充てた部分の金額との合計額から2,000万円を控除することができます。その合計額が2,000万円に満たないときはその合計額を控除することができま

す。
① 婚姻期間が20年以上であること
② 居住用不動産の贈与を受けた場合または金銭の贈与を受けその金銭で居住用不動産を取得した場合であること
③ ②の贈与を受けた年の翌年3月15日までにその居住用不動産をその贈与を受けた人の居住の用に供し，かつ，その後引き続き居住の用に供する見込みであること

### 相続対策と税務診断

(1) 相続税対策として不動産の賃貸を個人で行っている場合には，不動産所得の申告が必要，相続財産を譲渡した場合譲渡所得の申告が必要，贈与を行った場合にも申告が必要であり，確定申告時期に正確に申告を行っておかなければなりません。
(2) 申告をし忘れてしまったら，相続が発生した場合には，相続時の軽減特例が使えない，あるいは相続財産に加算しなければならないこととなります。
(3) また，個人所得申告によって生前実行された譲渡や贈与を立証することにもなり，遺産分割の際の争いを軽減することにもなりえます。

## 9 ■ 不動産所得計算の特殊処理

前年以前で間違っていた場合や不動産所得を計算する際の処理の仕方は次のとおりです。

### (1) 建物の耐用年数を間違えていた場合

耐用年数の誤りを訂正するには，申告後5年以内なら「更正の請求」を税務署に提出し，所得税の還付を受けることができます。
また，耐用年数を誤って実際の年数より短くした場合，減価償却費は過大に計上されていますので，修正申告書を提出する必要があります。

過年度の申告はそのままにしておき，今回の申告から正しい耐用年数の償却率を用いて減価償却費を計算して申告を行ってもかまいません。

## (2) 延滞家賃が入金された場合の取扱い

青色申告をする場合の家賃の収入計上時期は，支払いを約束した時点で収入があったものとして処理します。したがって，実際の金銭の動きがなくても収入として記帳し，決算時には収入があったものとして計算します。家賃の滞納があるときは，"売掛帳"のような帳簿を用意して，それに記載するのが望ましいです。実際に支払いがあったときに，売掛金がゼロになり，現金出納帳にも現金の入金をメモしておきます。

同一年次内に支払われれば問題ないですが，年を越してから支払われることもあります。このときも，未収であった年に払われたものとして計算します。このときの収入金額は，実際の入金額よりも多くなりますが，やむを得ないことになります。翌年次に支払われた家賃は，翌年の決算時に総収入金額から差し引いて勘定を合わせます。

万一，支払われなかった場合は，翌年以降の決算時に必要経費とします。事業的規模以外は更正の請求を行います。

なお，現金主義による記帳の場合は，実際の入金日に収入計上することも認められますが，この方法は，税務署への届出が必要であり，かつ所得に上限が定められています。

## (3) ローンの借り換えの登記費用と返還された保証料の取扱い

ローンの借り換えには，返済手数料，新規申込手数料，印紙代，抵当権抹消・設定のための登記費用，ローン保証料などが必要になります。これらのうち，返済手数料，新規申込手数料，印紙代，抵当権抹消・設定のための登記費用はその年分の必要経費とします。

ローン保証料は支出の効果がその支出の日以後，保証期間にわたり及ぶと考えられるので，繰延資産として借入年数で割った金額がその年の必要経費になります。

返還される保証料は次のようにして処理します。

・還付されたローン保証料の取扱い：繰延資産と相殺する
・繰延資産の必要経費計上額の計算：当年計上額÷12×保証料返還までの経過月数

　繰延資産は，その費用の効果がある間だけ償却するものであり，保証料の一部が返還されるまでの期間に対応する分だけ必要経費とします。

## (4) 修繕積立金の処理

　必要経費にすることはできません。税務上，実際に修繕に支出した費用が修繕費であるという考え方をとっており，目的が修繕のための積立であったとしても，現実にその目的に支出しないかぎり必要経費の修繕費にはなりません。

　修繕積立金として積み立てた資金は，実際の修繕に充当したときに必要経費に計上されます。なお，修繕費の基準を超えた部分の金額は，資本的支出として減価償却資産の取得価額に加算され，減価償却の対象となります。資本的支出の場合には，もとの減価償却資産にその金額を加算するか，新たな取得資産として記帳して償却を行います。

## (5) 供託された場合の供託金の扱い

　たとえば，契約更新にあたり，家賃の増額を借家人に伝えたところ，借家人が応じないので，貸主が家賃の受取りを拒否したため，借家人が更新前の家賃を支払日までに供託している場合，その供託された家賃の取扱いは，どうなるでしょうか。

　この場合，実際にその供託された家賃を受け取るのは，判決や和解等によって解決した時なのですが，不動産所得の計算上は，その年分の家賃収入として計上していくことになります。また，判決や和解等により，貸主の主張が通り，家賃の差額分を受け取った場合には，その受け取った日に全額を収入金額として計上することになります。

　貸主の主張が認められなかったときは，供託金がすでに収入に計上されていますから別段の処理の必要はありません。係争中の裁判費用などは，支払った年の必要経費になります。

## (6) 防水工事の際の処理

　貸しビルや貸しアパートに対して，修理，改良等の支出をしたとき，その金額が資本的支出となる場合と修繕費となる場合があります。

　原則的には，その支出が，その固定資産の機能や性能を向上させたりして価値を高めるような部分（使用可能期間を延長させるなど）は資本的支出とされます。また，その固定資産の通常の維持管理のため，または災害等により毀損した固定資産につきその原状を回復するために要したとされる部分は，修繕費とされます。

　防水シートの張替え工事のケースで，亀裂が走ったり雨漏りしているなどで修繕が必要となった場合に，「この際なので，全面的に張り替えをしてしまおう」ということになったときは，資本的支出と見なされる可能性が高くなると思われます。

　また，資本的支出か修繕費であるかが明らかでない場合には，①その金額が60万円未満である場合，②その金額が修繕した固定資産の帳簿上の前年末の価額のおおむね10％以下である場合には，修繕費とすることができるという形式基準もあります。

## (7) 建て替え時の立ち退き費用と解体費用の扱い

　古くなった賃貸アパートを取り壊して，新しい賃貸マンションに建て替えをする際に，入居者に支払う立退き料や立退きにかかわるさまざまな費用は，その支払った年の不動産所得の金額の計算上の必要経費となります。また，立退き交渉が複数年にまたがる場合も，支払いがあった年にその支払った金額を必要経費とします。

　ただし，この立退き料が土地・建物の譲渡のために支払ったものであるなら，それは譲渡所得の金額の計算上，譲渡に要した費用として譲渡所得の計算から差し引くため，不動産所得の金額の計算上の必要経費にはなりません。

　建て替えのための建物の解体費用や解体した賃貸アパートの未償却残高は，その年の必要経費になります。なお，これらの必要経費は，事業的規模のときは全額が必要経費になりますが，それに満たない経営のときは不動産所得の金

額を限度として，必要経費に計上します。

## (8) 借地の更新料の扱い

　賃貸住宅の敷地として使用しているのが借地であった場合，更新時期に支払う更新料をどのように処理すればよいかですが，結論として，必要経費として計上することになります。
　ただし，更新料そのものを必要経費とするのではなく，次の算式で求めた金額としなければなりません。

$$\text{その更新直前の借地権or地役権の「取得費」} \times \frac{\text{更新料の額}}{\text{その更新時の借地権or地役権の価額}} = \text{必要経費}$$

　算式にある「取得費」は，実際に取得に要した金額のことで，今回の更新までに費やした改良費や造成費および過去の更新料なども含めます（ただし，すでに必要経費に計上した金額は除きます）。

### 相続対策と税務診断

(1) 不動産所得の申告が正しくない場合には，そのままにしておくと，相続税の計算にも遺産分割にも悪影響を及ぼしますから，判明した時には直ちに修正申告か更正の請求をする必要があります。
(2) 財産も債務残高も，取得し運用し，確定申告し，そして相続に至るのですから，各ステップできちっと正確に申告しておくことが相続税申告にも有用です。
(3) 相続財産を把握する際にも，過去から相続発生時点までの財産の動きと税金の納付とは連結しており，また連続していることが必要です。

## 10　不動産賃貸借の権利金等の取扱い

### (1)　土地の権利金の収受

① 個人の場合

(イ)　借地権の設定により受ける権利金の額が，その設定に係る土地の設定直前の価額の２分の１（特定の地役権を設定した場合については，４分の１）相当額を超える場合には，その受けた権利金の額は譲渡所得となり，次の算式により計算した金額をその取得費とします。

$$土地の取得費 \times \frac{権利金の額}{(権利金の額 + 底地価額（または年額地代 \times 20))} = 控除する取得費の額$$

　なお，収受する権利金の額が地代の年額の20倍相当額以下である場合には，土地の譲渡には該当しないものと推定されます。

**ケース１**

- 土地価額（時価）　１億円
- 借地権設定の対価　7,000万円
- 地代年額　300万円
- 土地取得費　1,000万円（購入代金）
　　　　　　　160万円（仲介料・不動産取得税等）
- 譲渡費用　320万円

- 控除する取得費の額
　＝10,000,000円×70,000,000円÷（70,000,000円＋3,000,000円×20）
　＝5,384,615円
- 譲渡所得
　＝70,000,000円－（10,000,000円＋1,600,000円＋5,384,615円＋3,200,000円）
　＝49,815,000円（千円未満切捨て）

- 長期譲渡の場合
  49,815,000円×15.315％＝7,629,100円（所得税額）
  49,815,000円× 5 ％＝2,490,700円（住民税額）
  ㈹　借地権の設定により収受する権利金の額が，その土地の設定直前の価額の2分の1（特定の地役権の場合は4分の1）相当額以下である場合には，不動産所得の収入金額とされますが，累進課税を緩和するため，その権利金については，平均課税という特別に安くなる課税方法を選択することができます。

### ケース2

- 土地価額（時価）　1億1,000万円
- 借地権設定の対価　5,000万円
- その他の総合課税所得　500万円
- 所得控除額の合計　200万円

- 調整所得合計
  ＝課税総所得金額－臨時所得×$\frac{4}{5}$
  ＝50,000,000円＋5,000,000円－2,000,000円－50,000,000円×$\frac{4}{5}$
  ＝13,000,000円
- 調整所得金額に対する税額の計算
  13,000,000円×33％－1,536,000円＝2,754,000円　……①
- 調整所得金額に対する平均税率
  2,754,000円÷13,000,000円＝0.2118→0.21　∴21％
- 特別所得金額に対する税額の計算
  （53,000,000円－13,000,000円）×21％＝8,400,000円　……②
- 平均課税を適用した場合の税額
  ①＋②＝11,154,000円　……A
  11,154,000円×2.1％＝234,200円　……B
  A＋B＝11,388,200円

② 法人の場合

(イ) 借地権の設定にあたり収受した権利金の額は、当該法人の各事業年度の所得金額の計算上益金の額に算入し、その設定によりその設定に係る土地の価額がその設定前に比し2分の1（特定の地役権の場合は4分の1）以上下落する場合には、次の算式により計算した金額を損金の額に算入します。

$$\text{設定直前の帳簿価額} \times \frac{\text{設定時における借地権等の価額}}{\text{設定直前における土地の価額}} = \text{損金算入額}$$

したがって、土地の一部の譲渡があったものとされますので、交換や特定の資産の買換えの場合の課税の特例等・土地等の譲渡に係る課税の特例等の規定が適用されることとなります。

(ロ) 借地権の設定によりその土地の価額が2分の1（特定の地役権を設定した場合は4分の1）以上下落しない場合には、土地の帳簿価額を損金の額に算入することはできませんが、その設定により当該土地の価額がその帳簿価額に満たないこととなった場合には、評価損を計上することが認められます。

## (2) 建物の権利金の収受

### ① 個人の場合

権利金（礼金）というのは、家賃の1カ月または2カ月分くらいが相場となっています。これは、収入すべき年、要するに貸家契約をした年の不動産収入に全額が計上されます。契約期間が3年だからといって3分の1ずつ分けて計上することは認められません（契約期間が3年以上で、権利金が賃貸料の年額の2倍に相当する金額以上である場合は、臨時所得となり、平均課税を適用すれば税額が低くなりますが、非現実的です）。

### ② 法人の場合

権利金（礼金）を収受した時点において、もはや返還を要しないものですから、収受した日または貸付けを開始した時に収益として計上しなければなりません。

## (3) 建物の建設協力金の収受

建設協力金とは，建物の賃貸借や賃貸借の予約に際し，建物の建築主がその建物の建築資金に充てるために，テナント（建物の賃借人またはその予約者）より受け取る金銭をいいます。

建物の完成後，この建設協力金は，契約期間内に月々の賃料から相殺することによって，賃貸人から賃借人に対し分割払いにより返還されるのが一般的です。

**ケース3**

> テナントが建物の建築代金（27,000,000円）を建設協力金として融資し，地主は27,000,000円でテナントの建物を建築（建物18,900,000円，建物附属設備他8,100,000円）。契約期間中におけるテナントからの中途解約の場合，テナントは保証金残高を放棄。賃料月額700,000円，賃貸期間20年間，建設協力金の返済は建物の賃貸開始後15年にわたり毎月150,000円を賃料と相殺して返済。建設協力金は無利息。

### ① 個人の場合

- 建設協力金（保証金）の受入れ時
  建設協力金（保証金）の受入れは不動産所得の収入金額にはなりません。
- 賃貸料の受領時
  実際の入金額ではなく，保証金の相殺による返済額を含めた金額（700,000円）が収入金額となります。
- 賃貸開始10年経過後にテナント都合により中途解約されたとき
  預り保証金残高9,000,000円が不動産所得の収入金額に加算されます。

### ② 法人の場合

- 建設協力金（保証金）の受入時
  建設協力金（保証金）の受入は益金になりません。
  （現　預　金）　27,000,000　　（預り保証金）　27,000,000

- 賃貸料の受領時
  (現　預　金)　　　550,000　　(受 取 家 賃)　　700,000
  (預り保証金)　　　150,000
- 賃貸開始10年経過後にテナント都合により中途解約されたとき
  預り保証金残高9,000,000円が益金になります。
  (預り保証金)　　9,000,000　　(債務免除益)　　9,000,000

## (4) 受入保証金・敷金の償却

### ① 個人の場合

　不動産の貸付に伴い収受する保証金，敷金は，賃借人の債務を担保する目的であるため，本来，賃貸人の収入となるものではありません。しかし，賃借人から預かる保証金，敷金のうち当初の契約により返還を要しない部分があるときは，その金額について，収入金額とされます。契約の態様によりそれぞれ次のように取り扱われます。

- 契約により，敷金等のうち，不動産の貸付期間の経過と関係なく返還を要しないとされる部分の金額については，保証金の償却として収入金額とします。
- 契約により，敷金等のうち，不動産の貸付期間の経過に応じて返還を要しないとされる部分の金額については，契約期間の経過に応じた金額を保証金の償却として収入金額とします。
- 契約により，敷金等のうち，不動産の貸付期間が終了しなければ返還しないことが確定しないとされる部分の金額については，その貸付期間の終了により返還しないことが確定した金額を保証金の償却として収入金額とします。

　これらは，返還しない部分の金額が，実質的に，権利金や更新料などと同一の性質であるとされるため，同様の取扱いがなされるのです。

### ② 法人の場合

　個人の場合と同様です。

## (5) 差入保証金の償却

**ケース4**

建物の4年間の賃貸借契約で，保証金を2,000,000円差し入れ，そのうち20％を償却（返還されない部分）することを条件とするとき

### ① 法人の場合

2,000,000円×20％＝400,000円

　　（差入保証金）　2,000,000　　（現　預　金）　2,000,000

　　※返還されない償却部分40万円は契約期間の4年で償却する。
　　※20万円未満の場合は，支払時に全額損金算入できる。

〈期末〉
- 1年分の償却をする場合
　　（差入保証金償却）　100,000　　（差入保証金）　100,000
　　以後，毎期償却します。

### ② 個人の場合

法人の場合と同様です。

## (6) 受入保証金の債務免除を受けた場合

### ① 法人の場合

債務免除益として，益金に算入します。
- 受入保証金が3,000,000円である場合
　　（預り保証金）　3,000,000　　（債務免除益）　3,000,000

### ② 個人の場合

不動産所得の雑収入とします。
- 受入保証金3,000,000円を不動産所得の計算上，雑収入として計上します。

### 相続対策と税務診断

(1) 権利金，礼金，敷金，保証金，建設協力金等の不動産賃貸において生ずる項目は，個人にかかわるものは相続財産が債務に影響することになるので，発生からその増減は正確に記録しておく必要があります。
(2) 権利金，礼金は，原則的には所得となり，財産の増加となり，敷金，保証金，建設協力金は，返還不要分は所得となり，それ以外は原則的には債務となるのであるから，相続発生時の残高を正確に把握しなければなりません。
(3) 遺産分割の際には，相続財産たる不動産と直結する敷金等の債務は，同一相続人が相続しなければならず，同時に返済可能性を含めてシミュレーションしなければなりません。

## 11 不動産の買換えの特例の注意点

### (1) 個人の買換え

個人の買換えの特例の対象となるものには，10年超所有の資産の買換え，既成市街地等内から既成市街地等外への買換え，既成市街地等内の同一敷地上の立体買換え，特定民間再開発事業の施行のための買換えなどがあります。

#### ① 買換えの特例のポイント
(イ) 所有期間

たとえば，「10年を超える所有」のように，制限があるものと，ないものがあります。
(ロ) 買換えの期間

買換資産の取得は，原則として，譲渡の日の属する年，およびその前後1年間です。譲渡の日の属する年の前年に取得することを「先行取得」，翌年に取得することを「見込取得」といいます。
(ハ) 買換資産の面積制限

取得する土地は，譲渡した土地の面積の5倍までしか買換資産とならない場合があります。

㈡　買換え後の取得価額

買換えの特例を適用した後の減価償却の対象等の取得価額は，譲渡資産の取得費を引き継ぐこととなります。

なお，取得費が不明の場合の5％を適用した場合，取得価額は買換資産の5％となります。したがって，取得資産を売却するときに売却益が発生します。

また，減価償却についても，その引き継がれた取得価額が基礎にされるので，賃貸した場合，不動産所得は増加し，取得年以降の所得税が増加することとなります。

② **立体買換え（等価交換）の特例**

㈤　同一敷地上における立体買換え：繰延割合80％，事業用のみ適用

既成市街地等内または市街化区域内，同一敷地内に建築，建築面積150㎡以上，地上階数4以上（特定の共同住宅は3以上），譲渡価格以上の価格のものを買換資産として取得すれば，譲渡価格の20％相当額について課税され，買換資産が譲渡価格に満たない場合は，譲渡価格から買換資産の80％を控除した金額のみに課税されます。

㈹　既成市街地等内の中高層耐火共同住宅の立体買換え：繰延割合100％，用途問わず

既成市街地等内およびそれに準ずる地域，所有期間の条件なし，同一敷地内に建築，地上階数3以上，耐火構造または準耐火構造，建物の床面積の2分の1以上が居住用，検査済証が必要，譲渡の年の12月31日までに買換資産を取得し，取得後1年以内に事業用または居住用に使用することが必要です。

㈧　特定民間再開発事業の施行のための買換え：繰延割合100％，用途問わず

既成市街地等内および都市再開発地区他，所有期間の条件なし，同一敷地内に建築，地上階数4以上，耐火構造，住居部分がなくてもよい，都道府県知事の認定が必要，土地利用の共同化に寄与するものでなければなりません。また，譲渡の年の12月31日までに買換資産を取得し，取得後1年以内に事業

用または居住用に使用することが必要です。

**ケース** 上記②(ロ)の場合

父が既に亡くなっており，母と子3人の4人家族。

〈現状〉　　　　　　　　　〈等価交換後〉

（土地）　300坪×100万円/坪＝3億円
（建物）　固定資産税評価額　1,000万円
　　　　　等価交換比率　40％
　　　　　等価交換前の土地を建物取り壊し後3億円で譲渡。60％が建物部分取得のために充当される。
（土地）　3億円×40％＝1億2,000万円（3,000万円×4戸）
（建物）　3億円×60％＝1億8,000万円（4,500万円×4戸）
　　　　　相続税の計算　被相続人（母）と同居していた相続人が，相続するものとする。

〈現状〉

土地評価：自宅　100坪×100万円/坪＝1億円（自用地評価）
　　　　　駐車場200坪×100万円/坪＝2億円（自用地評価）①

小規模宅地評価：$1億円 - (1億円 \times \frac{330㎡}{330.578㎡} \times 0.8) = 20,139,876円$ ②

建物評価：自宅　1,000万円 ③

∴遺産総額　①＋②＋③＝230,139,876円

（230,139,876円－48,000,000円）÷3 ＝60,713,292円

（60,713,000円×30％－7,000,000円）×3 ＝33,641,700円

∴相続税額　33,641,700円

〈等価交換後〉
〈小規模宅地評価減〉

土地評価：自宅　3,000万円 － (3,000万円 × $\frac{80㎡}{80㎡}$ × 0.8)

　　　　　　＝600万円（自用地評価）

　　　　　賃貸物件　3,000万円 × (1 － 0.7 × 0.3) ＝ 2,370万円（貸家建付地評価）

　　　　　賃貸住宅1　2,370万円 － (2,370万円 × $\frac{80㎡}{80㎡}$ × 0.5) ＝ 1,185万円

　　　　　賃貸住宅2　2,370万円 － (2,370万円 × $\frac{53.333㎡}{80㎡}$ × 0.5)

　　　　　＝1,580万円

　　　　　　貸店舗　2,370万円

　　　　　∴5,735万円　①

建物評価：自宅　4,500万円，賃貸物件4,500万円 × 0.7 × 3戸 ＝ 9,450万円

　　　　　∴1億3,950万円　②

　　　　　∴遺産総額　①＋② ＝ 196,850,000円〈33,289,876円の減〉

　　　　　(196,850,000円 － 48,000,000円) ÷ 3 ＝ 49,616,000円

　　　　　(49,616,000円 × 20％ － 2,000,000円) × 3 ＝ 23,769,600円

　　　　　∴相続税額　23,769,600円〈9,872,100円の減〉

## (2) 法人の買換え

　法人が行う一定条件の不動産の譲渡・交換により生じる利益は益金に算入されますが，同時にこれらにより取得した目的資産の実際の取得価額について，一定の計算による帳簿価額の圧縮による損金算入が認められています。これは益金の額と相殺的な効果をもたせることにより，直接的な課税が生じないようにするものです。

　圧縮記帳は，取得した固定資産の帳簿価額を減額（圧縮）することです。したがって圧縮後の減価償却費は，圧縮前に比べて少額になります。また償却資産以外の資産があっても，これを譲渡した場合，現実の取得価額より低い価額が譲渡原価になります。

　このように，その後の減価償却および譲渡を通じて課税の取戻しをすることを前提としている圧縮記帳法は，免税措置ではなく，課税の延期措置であるといえます。圧縮記帳法が認められるものに，特定資産の買換えがあります。

　特定資産の買換えには，個人の場合の特定の事業用資産の買換えと同様のものがあります。

## ① 買換えの特例のポイント

(イ) 所有期間

　原則として所有期間5年以下の土地等については適用されませんが、平成29年3月31日までに譲渡した場合は、5年以下でも適用されるものがあります。

(ロ) 買換えの期間

　買換資産の取得は、原則として譲渡の日の属する事業年度内に行われることが要求されますが、譲渡の日の属する事業年度の開始前1年以内の取得（先行取得）または、譲渡の日の属する事業年度の翌事業年度開始の日から1年以内の取得（見込取得）も認められます。

(ハ) 買換資産の面積制限

　取得する土地は、譲渡した土地の面積の5倍までしか買換資産とならない場合があります。

(ニ) 圧縮記帳の申告上の要件
- 圧縮限度額以下の金額を法人の確定した決算において損金経理すること
- 確定申告書等にその計算の明細書を添付すること

(ホ) 圧縮限度額の計算

　算式　圧縮限度額＝圧縮基礎取得価額$^{(注1)}$×差益割合$^{(注2)}$×$\frac{80}{100}$

　　(注1)　圧縮基礎取得価額とは、次のうちいずれか少ない金額
　　　　　A　買換資産の取得価額　　B　譲渡資産の対価の額

　　(注2)　差益割合＝$\frac{譲渡資産の対価の額－(譲渡資産の譲渡直前の簿価＋譲渡経費の額)}{譲渡資産の対価の額}$

### ケース

　10年超所有の資産の買換えを適用したケース
　土地・建物の譲渡価額　20億円
　譲渡資産の簿価　5億円
　譲渡費用　1,000万円

(1) 買換えしない場合の法人税および事業税・住民税

　　［20億円 －（5億円 + 1千万円）］× 33.80% = 503,620,000円

(2) 買換えをした場合の法人税および事業税・住民税

　① 10億円の資産に買い換えたケース

　　圧縮限度額　10億円$^{*1}$ × 0.745 × $\frac{80}{100}$ = 596,000,000円

　　　　　　　　買換資産の取得価額　譲渡資産の対価の額

　*1　圧縮基礎取得価額　10億円 ＜ 20億円　∴ 10億円

　　　譲渡資産の対価の額 譲渡資産の簿価 譲渡費用の額

　　　差益割合 $\frac{[20億円 －（5億円 + 1千万円）]}{20億円}$ = 0.745

　　　　　　　譲渡資産の対価の額
　　　(2,000,000,000円 － 596,000,000円) × 33.80% = 474,552,000円

　② 15億円の資産に買い換えたケース

　　圧縮限度額　15億円$^{*2}$ × 0.745 × $\frac{80}{100}$ = 894,000,000円

　*2　圧縮基礎取得価額　15億円 ＜ 20億円　∴ 15億円

　　　差益割合 $\frac{[20億円 －（5億円 + 1千万円）]}{20億円}$ = 0.745

　　　譲渡資産の対価の額
　　　(2,000,000,000円 － 894,000,000円) × 33.80% = <u>373,828,000円</u>

## 相続対策と税務診断

(1) 相続税対策として個人不動産の活用，法人不動産の活用として買換えの特例を利用する方法が用いられます。これは譲渡所得税が課税されずに，また軽減される有利性があるからです。

(2) 個人所有の路線価の高い更地や利用度の低い土地については，買換えにより，他の収益物件に変換しておくことで将来の相続税原資を積み立てたり，同時に更地等よりも相続税評価が低下するメリットもあります。

(3) しかし，収益物件のようなものは，将来持続的に，収益が，すなわち賃貸収入が確保されなければならず，採算を考えて実行し，相続人もよく確認しておかなければなりません。

# 12　同一敷地上の等価交換と中高層耐火共同住宅の買換え

## (1) 同一敷地上の等価交換

〈A氏のケース〉

(1) （旧）土地300坪上に賃貸アパート，マンションあり（所有期間10年超）
(2) ディベロッパー甲社がこの土地上にマンションを建築し，甲社に土地300坪を譲渡し，建物150坪と土地100坪を取得。建物坪200万円，土地300万円
(3) （新）マンションは賃貸開始
(4) 土地の時価　坪200万円

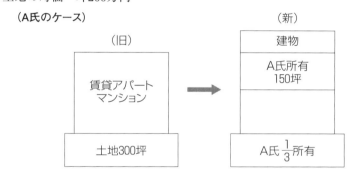

〈税額の計算〉

特定事業用資産の買換えの適用あり。

土地の譲渡　300坪×2,000,000円＝600,000,000円

土地建物の取得　100坪×3,000,000円＋150坪×2,000,000円＝600,000,000円

譲渡所得　（600,000,000円－30,000,000円）×（1－0.8）＝114,000,000円

税額　①所得税額　114,000,000円×15％＝17,100,000円

　　　②復興特別所得税　17,100,000円×2.1％＝359,100円

　　　③住民税（均等割・調整控除を除く）　114,000,000円×5％＝5,700,000円

　　　④合計　23,159,100円

〈留意点の税務診断〉
(1) 現在,事業の用に供している土地・建物を譲渡して,ディベロッパーが4階以上の建物を建築して,そのうちの一部の建物と土地を交換した場合には,特定の事業用資産の買換えが適用され,80%は課税が繰り延べられる。
(2) これを同一敷地上の買換えという。

〈B氏のケース〉
(1) (旧) 土地150坪のうち50坪に自宅建物,残り100坪に賃貸アパート（相続により取得30年以上居住している）あり（坪200万円）
(2) ディベロッパー乙社がこの土地上にマンションを建築し,建物120坪（坪150万円）と土地60坪を取得
(3) (新) マンションは,住居用40坪,賃貸マンション80坪

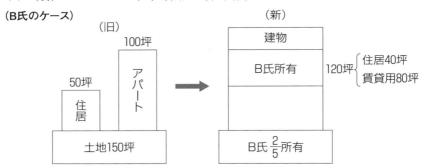

〈税額の計算〉
居住用土地建物
　50坪×2,000,000円＝100,000,000円
　20坪×2,000,000円＋40坪×1,500,000円＝100,000,000円
　居住用財産の買換えにより税金は0円となる。
事業用土地建物　100坪×2,000,000円＝200,000,000円(譲渡)
譲渡所得　(200,000,000円－10,000,000円)×(1－0.8)＝38,000,000円
税額　①所得税額　38,000,000円×15%＝5,700,000円
　　　②復興特別所得税　5,700,000円×2.1%＝119,700円

③住民税（均等割・調整控除を除く）　38,000,000円×5％＝1,900,000円
④合計　7,719,700円

〈留意点の税務診断〉
(1) 居住用と事業用に使用していた土地・建物を取り壊して，その上にディベロッパーがビルを造り，居住用と事業用に使用する。
(2) 居住用については居住用財産の買換えを，事業用については，事業用資産の同一敷地上の買換えを適用すると有利となる。
(3) いわゆる等価交換方式と呼ばれているものであり，税務上は買換えである。
(4) 事業用・居住用ともに併用が可能である。
(5) 事業用部分と居住用部分のどちらか一方の用途の使用割合が建物全体の90％以上になっている場合には，その用途に全体が使われていたものとして，対応する特例を受けることができる。

## (2) 中高層耐火共同住宅の買換え

〈A氏のケース〉
(1) （旧）土地（所有権と借地権）200坪のうち，50坪は居住用建物が，100坪には駐車場があり，50坪は更地のまま（譲渡部分の評価は15,000万円である）（相続により取得し，30年以上居住している）。
(2) ディベロッパー甲社が上記土地に全室居住用マンションを建築し，等価交換としてA氏は居住用マンションと賃貸マンションを取得

〈税額の計算〉
① 税法の考え方
　イ　譲渡した土地は，事業用，居住用，空き地等，その用途は問わない。
　ロ　取得する建物は，その建物の床面積の2分の1以上が居住用のものに限られている。したがって，この場合は全室居住用なので問題はない。
　ハ　取得した建物は，A氏の事業用または居住用に供さなければならない。
（結論）　上記イロハの要件を満たしているので，買換えの適用あり。なお，居住用財産の3,000万円控除と併用して適用することはできない。等価交換なので，税金は生じない。

② 譲渡所得の計算

収入金額150,000,000円－150,000,000円＝0円

〈留意点の税務診断〉

(1) A氏の場合，居住用と事業用で利用していた土地を提供して3階以上の中高層耐火共同住宅をディベロッパーが建設し，等価交換でその一部を取得した。

(2) これは，住居用のマンションであるため，等価交換が認められる（税務上は買換え）。したがって，税額は0となる。

〈B氏のケース〉

(1) （旧）土地（所有権と借地権）200坪のうち，50坪は居住用建物が，100坪には駐車場があり，50坪は更地のままである（譲渡部分の評価は15,000万円である）。

(2) ディベロッパー乙社が，上記土地の3分の1を居住用，3分の2を事務所用マンションとして建築し，等価交換としてB氏は居住用（4分の1部分）と賃貸マンション（建物部分の半分）を取得した。

〈税額の計算〉

① 税法の考え方…前記の要件

　㋑ 同じ。

　㋺ 建築物の3分の1が居住用であるため，中高耐火共同住宅の買換えの適用はなし。

　（結論） 居住用財産の買換えと事業用の減価償却資産の買換えを適用。

② 譲渡所得の計算

　㋑ 居住用　$150,000,000円 \times \frac{50坪}{200坪} - 150,000,000円 \times \frac{1}{4} = 0$ 円

　㋺ 事業用　$150,000,000円 \times \frac{100坪}{200坪} = 75,000,000円 < 100,000,000円$

　　　$(75,000,000円 - 75,000,000円 \times 5\%) \times 20\% = 14,250,000円$

　㋩ 更地　$150,000,000円 \times \frac{50坪}{200坪} - 37,500,000円 \times 5\% = 35,625,000円$

　㋥ 税額　(1)　14,250,000円＋35,625,000円＝49,875,000円

　　　　　　(2)　所得税額(1)×15％＝7,481,250円

(3) 復興特別所得税額(2)×2.1％＝157,106円
(4) (2)+(3)＝7,638,300円（百円未満切捨）

〈留意点の税務診断〉
① B氏も，中高層の耐火共同住宅の買換えを適用するつもりでいたが，新マンションは，3分の2が事務所用であるため，特例が適用できない。
② そこで，居住用の買換え（30年以上の居住用で相続されたもの）と事業用の減価償却資産の買換えを適用したが，事業用の買換えは80％しか認められていないため，税金が発生する。
③ 同一敷地上の買換えの場合には，旧土地が居住用・事業用でなくとも，新建物（3階以上）に居住用が2分の1以上あれば，買換えの特例が受けられる。
④ これは既成市街地等内にあればよく，長期，短期を問わない。

## 相続対策と税務診断

(1) 相続税対策としての買換え特例として，利用度の低い土地，自宅しか使用していない広めの土地，更地等で路線価の高い土地である場合の活用方法の代表的なものが，この2つの買換えです。
(2) そこで，被相続人と将来相続人は，76ページ(1)のような土地を積極的活用することが求められますが，一方では，採算性をよく考えておかないとこのようなプロジェクトでは債務や不良財産となって相続人が運営の困難な状況になることがあるので注意が必要です。
(3) 不動産を活用する場合には，将来の遺産分割を考えて，共有持分か分有持分かで取得した利用が各相続人で可能なような買換えの形態をとっておく必要があります。

Chapter 3

# ケースでわかる
# 相続税と税務診断

# 1 ■ 甲家の負担付（借入金）不動産の活用

### ケース1

　父は都内に不動産を所有し，そこで事業をしている。将来は長男に事業を継承していきたいと考えているが，事業だけでは収入が不安定なので，不動産賃貸ができるようにし，また，兄弟にも一部財産を相続させる不動産活用を考えている。
〔家族関係〕　父……事業主
　　　　　　　母……事業専従者
　　　　　　　長男および長男の妻…事業専従者，父母と同居
　　　　　　　長女および長女の夫
　　　　　　　次男

① 現況の土地の利用状況
　　土地A　130坪（429㎡）……事業用（父所有）
　　土地B　　70坪（231㎡）……自宅（父所有）
　　建物(A)……事業用（父所有）
　　建物(B)……居住用（父所有），父母および長男家族が同居

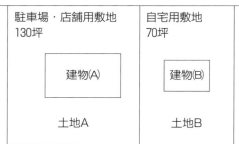

路線価80万円/㎡　借地権割合80%

駐車場・店舗用敷地　130坪
自宅用敷地　70坪
建物(A)
建物(B)
土地A
土地B

② 相続税評価額
　（事業用部分）
　　土地A　800,000円×429㎡＝343,200,000円
　　建物(A)　10,000,000円
　（居住用部分）
　　土地B　800,000円×231㎡＝184,800,000円
　　建物(B)　5,000,000円
　（金融資産）
　　60,000,000円

(A) 現況で相続が発生し法定相続分に応じて財産を取得した場合の相続税の総額

|  | 総資産額 | 特例適用後 | 母（妻） | 長男 | 長女 | 次男 |
|---|---|---|---|---|---|---|
| 事業用土地(A) | 343,200,000 | 87,200,000 | 43,600,000 | 14,533,333 | 14,533,333 | 14,533,334 |
| 事業用建物(A) | 10,000,000 | 10,000,000 | 5,000,000 | 1,666,667 | 1,666,667 | 1,666,666 |
| 居住用土地(B) | 184,800,000 | 184,800,000 | 92,400,000 | 30,800,000 | 30,800,000 | 30,800,000 |
| 居住用建物(B) | 5,000,000 | 5,000,000 | 2,500,000 | 833,333 | 833,333 | 833,334 |
| 金融資産 | 60,000,000 | 60,000,000 | 30,000,000 | 10,000,000 | 10,000,000 | 10,000,000 |
| 合計 | 603,000,000 | 347,000,000 | 173,500,000 | 57,833,333 | 57,833,333 | 57,833,334 |
| 基礎控除 |  | ▲54,000,000 |  |  |  |  |
| 課税価格 |  | 292,999,000 | 146,500,000 | 48,833,000 | 48,833,000 | 48,833,000 |
| 相続税の総額 |  | 64,899,480 | 41,600,000 | 7,766,600 | 7,766,600 | 7,766,600 |
| 各人の相続税額 |  | 64,899,200 | 32,449,700 | 10,816,500 | 10,816,500 | 10,816,500 |
| 配偶者の税額軽減 |  | ▲32,449,700 | ▲32,449,700 |  |  |  |
| 納付すべき税額 |  | 32,449,500 | 0 | 10,816,500 | 10,816,500 | 10,816,500 |

（注） 小規模宅地等について減額される金額（特例の要件に該当すると仮定した場合）

$$343,200,000円 \times \frac{400㎡}{429㎡} \times 0.8 = 256,000,000円$$

(B) 対策と税務診断

　小規模宅地の特例により，現状での相続税の負担はそれほど大きくはないが，金融資産を納税資金として費消してしまうと，配偶者（妻）の老後資金が不足する心配がある。また，単純に法定相続分による共有にしてしまうと，事業を承継した長男が新たに事業用建物を建築する場合など，権利関係の調整が困難になるおそれがある。

　そこで，次のような土地活用をとることが考えられる。

　(イ)　建物を1カ所に集める
　(ロ)　将来の相続発生後の資金にもなるので更地化できるよう駐車場（本来の事業とは別の貸駐車場）とする
　(ハ)　建物の使用を明確に区分する
　(ニ)　賃貸から得られる収益は分散する
　(ホ)　建物は個人名義にするが，管理は法人とする

　以下では，土地活用後の相続税と賃貸収入を，法定相続分で分割した場合と

建物の所有を区分登記に従って各人がそれぞれ相続した場合でシミュレーションしてみた。さらに管理を法人に委託した場合の賃貸収入についてもシミュレーションを試みる。

### ケース2　土地活用後の相続税

〔土地活用時の状況の想定〕
　この事例は建物の各階を区分登記して各部屋ごとに相続し，駐車場は各人が法定相続分ずつ取得した場合の相続税のシミュレーションである。
5階部分……父居用……母が相続
4階部分……長男居住用（使用貸借）……長男が相続
3階部分……賃貸……長女が相続
2階部分……賃貸……次男が相続
1階部分……店舗……長男が相続
地下1階部分……賃貸……母の所有

借入金　300,000,000円
自己資金　60,000,000円（現況における金融資産は自己資金として建築費に支出したと仮定）
（金融資産）
20,000,000円（ビル建築後に被相続人が蓄積したと仮定）

## (A) ケースにおける相続税の総額

| | 遺産総額 | 特例適用後 | 母 | 長男 | 長女 | 次男 |
|---|---|---|---|---|---|---|
| 土地80万円×429㎡×3階／6階 | 171,600,000 | 80,080,000 | 11,440,000（5F） | 11,440,000（1F）<br>57,200,000（4F） | | |
| 土地80万円×429㎡×3階／6階×(1−0.8×0.3)① | 130,416,000 | 93,662,400 | 43,472,000（B1F） | | 25,095,200（3F） | 25,095,200（2F） |
| 土地（駐車場部分）80万円×231㎡ | 184,800,000 | 184,800,000 | 92,400,000 | 30,800,000 | 30,800,000 | 30,800,000 |
| 建物1億8,000万円（固定資産税評価額） | | | | | | |
| 5階部分…3,000万円（父居住用） | 30,000,000 | 30,000,000 | 30,000,000 | 0 | 0 | 0 |
| 4階部分…3,000万円（長男居住用） | 30,000,000 | 30,000,000 | 0 | 30,000,000 | 0 | 0 |
| 3階部分…3,000万円×0.7（貸家）② | 21,000,000 | 21,000,000 | 0 | 0 | 21,000,000 | 0 |
| 2階部分…3,000万円×0.7（貸家）② | 21,000,000 | 21,000,000 | 0 | 0 | 0 | 21,000,000 |
| 1階部分…3,000万円（店舗） | 30,000,000 | 30,000,000 | 0 | 30,000,000 | 0 | 0 |
| 地下1階部分…3,000万円×0.7（貸家）② | 21,000,000 | 21,000,000 | 21,000,000 | 0 | 0 | 0 |
| 金融資産 | 20,000,000 | 20,000,000 | 10,000,000 | 3,333,334 | 3,333,333 | 3,333,333 |
| 借入金③ | −300,000,000 | −300,000,000 | −100,000,000 | −100,000,000 | −50,000,000 | −50,000,000 |
| 合　　計 | 359,816,000 | 231,542,400 | 108,312,000 | 62,773,334 | 30,228,533 | 30,228,533 |

（注）　活用した軽減策，①貸家の建付地の評価減，②貸家の評価減，③借入金の債務控除。

|  | 遺産総額 | 特例適用後 | 母 | 長男 | 長女 | 次男 |
|---|---|---|---|---|---|---|
| 合計 | 359,816,000 | 231,542,400 | 108,312,000 | 62,773,334 | 30,228,533 | 30,228,533 |
| 基礎控除 |  | −54,000,000 |  |  |  |  |
| 課税価格 |  | 177,541,000 | 88,770,000 | 29,590,000 | 29,590,000 | 29,590,000 |
| 相続税の総額 |  | 31,446,500 |  |  |  |  |
| 各人の相続税額 |  | 31,446,500 | 14,710,282 | 8,525,450 | 4,105,384 | 4,105,384 |
| 配偶者の税額軽減 |  |  | 14,710,282 |  |  |  |
| 相続税の総額 |  | 16,736,000 | 0 | 8,525,400 | 4,105,300 | 4,105,300 |

(B) 小規模宅地の選択の判定

71.5㎡×200/400＋71.5㎡×200/330＋60.45㎡×2≦200㎡

　　母　　71.5㎡－居住用80％（71.5㎡）　……5F
　　長男　71.5㎡－特定事業用80％（71.5㎡）……1F
　　長女　71.5㎡－貸付事業用50％（60.45㎡）……3F
　　次男　71.5㎡－貸付事業用50％（60.45㎡）……2F

### 相続対策と税務診断

(1) 将来の不動産に関する権利の調整と，相続後の各相続人の生活設計の賃貸収入を考慮するならば，区分登記をしてから各部屋ごとに遺産分割をしたほうが効率的です。

(2) 土地活用後の賃貸収入――ケース2は借入金によって建物を建築しているために，現況に比べ相続税の負担は少なくなりました。しかし，遺産分割の方法により各相続人の収入に違いがでてきます。

　　ケース2の分割方法では長男の収支が厳しくなりますが，不動産所得の赤字部分は事業所得と損益通算することが可能です。将来の二次相続による不動産の分割を考慮すると，法定相続分で分割するよりは，持分を明確にして相続するほうが，結果としてトラブルを生じる可能性が低くなります。場合によっては駐車場の分割割合を変え，承継事業の状況によっては，長男に多く配分する方法で長男の収入を増やすことも考えられます。そのほかに，法人を利用して，管理するだけでなく建物を賃貸する方法もあり

ます。そうすれば，1階の店舗部分について，長男が家賃収入を得る方法も可能です。

(3) 法人活用による賃貸収入——法人活用の方法は，上記のように遺産分割により各相続人に収入を分散し，さらに法人活用により個人の不動産賃貸の収入を法人に分割することで，税の軽減を図ることができます。

　法人活用には，不動産賃貸会社方式と不動産管理会社方式とがあります。不動産賃貸会社方式は，法人が個人の資産を賃借し，さらに転貸するものです。法人には転貸料と賃借料の差額がプールされます。不動産管理会社方式は，賃貸料の一定の割合の金額を管理費として法人が収受する方式です。

(4) 法人活用後の不動産賃貸収入——法人を活用し，管理を委託した場合，法人活用前に比べ税引き前の手取り金額は減少します。個人レベルで見れば各相続人の所得は減少しますが，所得税も軽減されるので，結果として相続人全体で税が軽減されます。特に長男夫婦は母と同居しているので，この3名については全体でタックスプランニングする必要があります。

　一方，法人に管理収入が入るので，法人活用による収入の分散を図ることができます。つまり，不動産管理会社の収入から，各人に役員報酬や勤務実績に応じた給与を支払うことが可能となります。なお，母，長男，長女，次男は不動産収入があるので，長男の妻に給与を支払うほうが所得の分散には役立ちます（ただし，長男の妻が事業専従者であれば税務上の要件を勘案する必要があります）。

## 2 ■ 贈与による相続税対策

各種の贈与による相続税対策の方法と留意点と税務診断は次のとおりです。

### ケース1　土地の一部の毎年の贈与

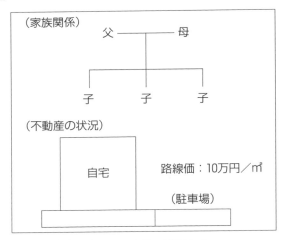

子供3人に駐車場部分を1年に20㎡ずつ贈与した。

(1) 計算

　（課税価格）　20㎡×10万円＝200万円

　　　　　　　　　　　　　　　基礎控除額
　（贈与税額）　（200万円－110万円）×10％＝9万円

　（税負担額）　9万円×3人＝27万円

(2) 要件

　① 土地贈与契約書の作成（贈与の成立）

　② 贈与した土地の不動産登記（名義変更）

(3) 留意点の税務診断

　① 不動産取得税や登録免許税が発生する。

　② 贈与した土地に駐車場収入がある場合は、子は確定申告が必要となる。

| ケース2 | 配偶者控除 |

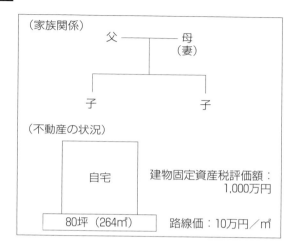

妻に自宅の土地・建物の2分の1を贈与した。
(1) 計算
　(課税価格)　(1,000万円＋264㎡×10万円)×1／2＝1,820万円
　(贈与税額)　1,820万円－2,000万円－110万円＝▲290万円≦0　∴0
　(税負担額)　0円
(2) 要　件
　① 婚姻期間が20年以上であること
　② 妻が贈与により取得するものは，居住用不動産または居住用不動産を取得するための金銭であること
　③ 贈与を受けた年の翌年3月15日までに居住の用に供し，かつその後も引き続き居住の用に供する見込みであること
　④ 贈与税の申告をすること
(3) 留意点の税務診断
　① 婚姻の期間が20年以上であるか否かは，婚姻の届出のあった日から居住用不動産等の贈与の日までの期間で計算するため，入籍していない期間は婚姻期間に含まれない。

② 上記のように贈与税が発生しない場合でも，贈与税の申告書を添付資料とともに提出する必要がある。
③ 2,000万円の配偶者控除は，贈与を受けた前年以前に贈与税の配偶者控除を適用している場合には，当年においてその適用を受けることができない。

### ケース3　負担付贈与

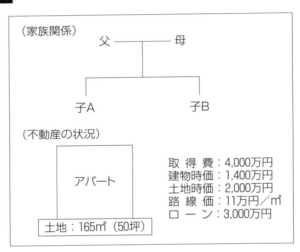

父は，アパートの土地・建物（10年前に取得）を，ローンを付けて子Aに贈与した。

(1) 計　算

（子Aの贈与税）　$\{(1,400万円+2,000万円)-3,000万円-110万円\}$
　　　　　　　　　建物時価　　土地時価　　　ローン　　基礎控除額
　　　　　　　　$\times 15\%-10万円=33万5,000円$

（贈与者父の譲渡所得に対する税金）
　　　　　　　収入金額(ローン)　取得額　　　所得税　住民税　長期譲渡所得税住民税額
　　　　　　　$(3,000万円-4,000万円)\times(15.315\%+5\%)=$　0円

(2) 要　　件

受贈者に一定の債務を負担させることを条件にした財産の贈与である。

(3) 留意点の税務診断

① 贈与者は，資産の譲渡があったものとして課税され，子Aが負担するローン残額の3,000万円が贈与者の譲渡所得を計算する際の収入金額となる。

② 土地・家屋等の価額は，相続税評価額ではなく，通常の取引価額に相当する金額によって評価する。

### ケース4　毎年の現金贈与

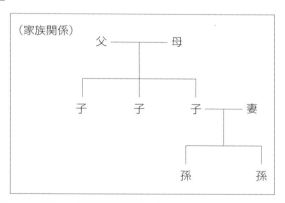

子供3人と孫2人に1人110万円を贈与した。

(1) 計　　算

（課税価格）110万 − 110万円（基礎控除額）＝ 0円（贈与税なし）

(2) 要　　件

① 贈与者の年齢等の制限はない。

② 受贈者ごとの課税価格から110万円を控除。

(3) 留意点の税務診断

① 相続の開始前3年以内に贈与を受けた財産は，相続税の課税価格に加算される。

② 贈与契約を締結することが必要。

③ たとえば120万円贈与し1万円贈与税納付の申告をして贈与の事実を証

拠立てる方法もある。

### ケース5　相続時精算課税制度

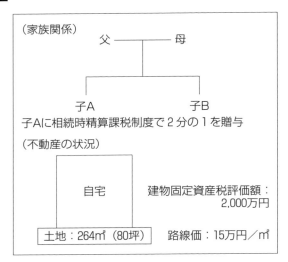

(1) 贈与税の計算

（建物）　2,000万円×1/2＝1,000万円

（土地）　15万円×264㎡×1/2＝1,980万円

$$\{(1,000万円＋1,980万円)－\underset{特別控除限度額}{2,500万円}\}×20\%＝96万円$$

(2) 要　件

① 贈与者が65歳以上の親（平成27年1月1日以後は60歳以上の親または祖父母）であること。

② 受贈者が20歳以上の子（平成27年1月1日以後は20歳以上の孫が追加）である推定相続人であること。

③ 申告書は相続時精算課税選択届出書とともに提出し，

④ 次の書類を添付する必要がある。

　ア）受贈者の戸籍謄本

　イ）受贈者の戸籍の附票の写し

ウ）贈与者の住民票の写し
エ）贈与者の戸籍の附票の写し
(3) 留意点の税務診断

住宅取得等資金の非課税制度との併用も認められる。また，同族会社株式の贈与等，事業・財産承継にも応用できる。

### ケース6　住宅取得等資金の贈与

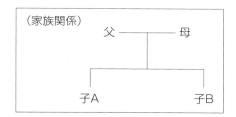

子Aに住宅取得資金2,000万円の贈与を行った。子Aは，これを基に新築の良質な住宅を取得した。

(1) 贈与税の計算

（暦年課税の場合）

(2,000万円－1,200万円－110万円〔基礎控除額〕)×30％－90万円＝117万円

（相続時精算課税の場合）

2,000万円－1,200万円－800万円＊＝0

2,000万円－1,200万円＝800万円＜2,500万円〔特別控除限度額〕　∴800万円

(2) 受贈者の要件

① 受贈時に贈与者の直系卑属であること
② 贈与を受けた年の合計所得金額が2,000万円以下であること
③ 受贈時に国内に住所を有していること
④ 贈与を受けた年の1月1日において20歳以上であること
⑤ 贈与を受けた年の翌年3月15日までに住宅取得等資金の全額を充てて住

宅用の家屋の取得等をすること
⑥ 贈与を受けた年の翌年3月15日までにその家屋に居住することまたは同日後遅滞なくその家屋に居住することが確実であると見込まれること
⑦ 自己の配偶者，親族等からの取得等でないこと
⑧ 過去に住宅取得等資金の非課税等の適用を受けたことがないこと

(3) 留意点の税務診断

相続時精算課税の場合の受贈者の要件は贈与者の直系卑属である推定相続人であることである。

### 相続対策と税務診断

(1) 相続財産の生前の活用には，活用を活性化する方式と生前に贈与等によって移転する方式とがあり，財産の将来の利用方法を考えて相続人に贈与することが望ましいです。
(2) 不動産の相続財産をケース1，2，3，5，のように事前に贈与する方式もありますが，ケース4，6のように相続人が不動産を取得するための資金を贈与する方式もあります。
(3) いずれの方式をとるかは，分割可能な財産の内容によって行いますが，その場合にも相続発生時に贈与を受けていなかったか，少なかった相続人からのクレームが生じないように，遺言書の準備も必要となります。

## 3 ■ 路線価急上昇時の相続税対策

土地の路線価急上昇時の相続税の対策は次のとおりです。

### ケース1 借入負担付賃貸建物建設方式

相続人→配偶者・子2人
(注：相続税の計算にあたり，配偶者の税額の軽減および小規模宅地等の特例は加味しないものとする)

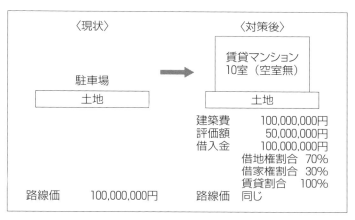

(1) 現状の相続税

(課税遺産総額) 100,000,000円 − (30,000,000円 + 6,000,000円 × 3人)
= 52,000,000円

(配偶者) $52,000,000円 × \frac{1}{2} = 26,000,000円$

26,000,000円 × 15% − 500,000円 = 3,400,000円

(子2人) $52,000,000 × \frac{1}{4} = 13,000,000円$

13,000,000円 × 15% − 500,000円 = 1,450,000円

1,450,000円 × 2人 = 2,900,000円

(相続税) 3,400,000円 + 2,900,000円 = 6,300,000円

(2) 対策後の相続税

(土地の評価額) 100,000,000円 − (100,000,000円 × 70% × 30% × 100%)
= 79,000,000円

(建物の評価額) 50,000,000円 − (50,000,000円 × 30% × 100%) = 35,000,000円

(課税純資産価額) (79,000,000円 + 35,000,000円) − 100,000,000円 = 14,000,000円

(課税遺産総額) 14,000,000円 − (30,000,000円 + 6,000,000円 × 3人)
= △34,000,000円(∴ゼロ)

(相続税) 0円

(3) 留意点の税務診断

上記は，賃貸マンションの賃貸割合が100%の場合を想定しているが，課税時期において賃貸されていない部分がある場合は，それが一時的でなければ，

その部分については借家人がいないことから、貸家・貸家建付地として評価されないことに留意する必要がある。それゆえ、近隣の賃貸市場をみきわめる必要がある。

### ケース2　等価交換方式

相続人→配偶者・子2人
（注：相続税の計算にあたり、配偶者の税額の軽減および小規模宅地等の特例は考慮しないものとする）

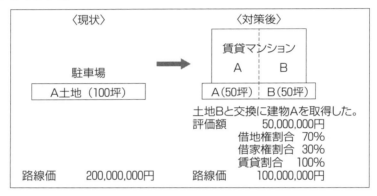

(1) 現状の相続税

（課税遺産総額）　200,000,000円 −（30,000,000円 + 6,000,000円 × 3人）
　　　　　　　　＝ 152,000,000円

（配偶者）152,000,000円 × $\frac{1}{2}$ = 76,000,000円

　　　　76,000,000円 × 30% − 7,000,000円 = 15,800,000円

（子2人）152,000,000円 × $\frac{1}{4}$ = 38,000,000円

　　　　38,000,000円 × 20% − 2,000,000円 = 5,600,000円

　　　　5,600,000円 × 2人 = 11,200,000円

（相続税）　15,800,000円 + 11,200,000円 = 27,000,000円

(2) 対策後の相続税

（土地の評価額）　100,000,000円 −（100,000,000円 × 70% × 30% × 100%）
　　　　　　　　＝ 79,000,000円

（建物の評価額）　50,000,000円 −（50,000,000円 × 30% × 100%）= 35,000,000円
（課税純資産価額）　79,000,000円 + 35,000,000円 = 114,000,000円
（課税遺産総額）　114,000,000円 −（30,000,000円 + 6,000,000円 × 3人）
　　　　　　　　　= 66,000,000円
（配偶者）　66,000,000円 × $\frac{1}{2}$ = 33,000,000円
　　　　　　33,000,000円 × 20% − 2,000,000円 = 4,600,000円
（子2人）　66,000,000円 × $\frac{1}{4}$ = 16,500,000円
　　　　　　16,500,000円 × 15% − 500,000円 = 1,975,000円
　　　　　　1,975,000円 × 2人 = 3,950,000円
（相続税）　4,600,000円 + 3,950,000円 = 8,550,000円

(3) 留意点の税務診断

　等価交換は建築資金を調達しなくとも建物を建てられるが，土地の一部を譲渡することになる。この譲渡には，立体買換特例があるので選択を検討する必要がある。また，等価交換の交換比率を決定するには土地の現況，近隣地価等が影響するので注意を要する。

### ケース3　相続時精算課税方式

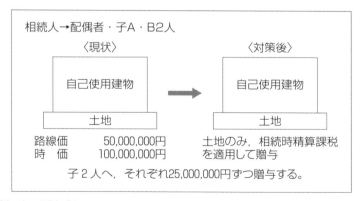

(1) 贈与時の贈与税

　（評価額）　50,000,000円 × $\frac{1}{2}$ = 25,000,000円
　（子A）　25,000,000円 − 25,000,000円（特別控除額）= 0円　贈与税：0円

（子B）　25,000,000円－25,000,000円（特別控除額）＝0円　贈与税：0円

※相続時の相続税額の算定の際には，贈与時の価額50,000,000円を相続財産の価額に加算する。

(2) 留意点の税務診断

平成27年1月1日以降の贈与については，贈与した年の1月1日において，贈与者は，「60歳以上」の父母または祖父母，受贈者は，「20歳以上」の者のうち，推定相続人である子または孫とされている。時価の値上がり傾向が続くかをみきわめることが必要である。

### ケース4　連年贈与方式

(1) 毎年の贈与税

**1年目**

贈与財産の価額200,000円／㎡×60㎡＝12,000,000円

① 一般税率の場合

贈与税額（12,000,000円－1,100,000円）×45％－1,750,000円＝3,155,000円

② 特例税率の場合

贈与税額（12,000,000円－1,100,000円）×40％－1,900,000円＝2,460,000円

**2年目以降**

1年目と同じ。

(2) 留意点の税務診断

平成27年1月1日以後の贈与について，20歳以上の者が直系尊属から贈与を受けた場合には特例税率が適用されるが，これ以外の場合には一般税率となる。不動産の場合も，連年贈与を活用して贈与税負担を軽減する。

### ケース5　一部売却方式

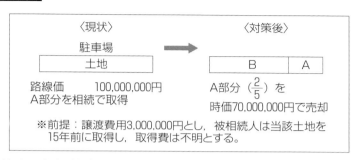

※前提：譲渡費用3,000,000円とし，被相続人は当該土地を15年前に取得し，取得費は不明とする。

(1) 対策時の譲渡所得税

（取得費）　70,000,000円×5％＝3,500,000円

（譲渡所得）70,000,000円－(3,500,000円＋3,000,000円)＝63,500,000円

（所得税）63,500,000円×15％×1.021（復興税分）＝9,725,025円

（住民税）63,500,000円×5％＝3,175,000円

(2) 留意点の税務診断

　相続により取得した土地等を相続税の申告期限の翌日から3年以内に譲渡した場合には，相続税額のうち次により計算した金額を取得費に加算できる（平成27年1月1日以降）。

$$\text{取得費に加算される相続税額} = \text{相続税額} \times \frac{\text{譲渡した土地等の相続税評価額}}{\text{相続税の課税価格}}$$

　譲渡した年の1月1日現在で所有期間が5年を超える場合には長期譲渡となり，所有期間が5年以下の場合には短期譲渡（税率は所得税30.63％（復興税を含む），住民税は9％）となる。なお，相続や贈与により取得したものは原則として被相続人または贈与者の取得した日から計算する。

　相続，遺贈，贈与により取得した土地は，被相続人や贈与者が取得した価額を引き継いで算出するが，取得費が不明の場合には譲渡収入（売却代金）の5％を取得費として計算することができる。

　時価が上昇していても，将来は必ずしも上昇が見込めない場合は，高いうち

に売却して相続資金を積み立てておく必要もある。

### 相続対策と税務診断

(1) 路線価が急上昇時の相続税対策はケース1と，一部売却して効率的に賃貸収益を獲得するためのケース2，3の方式があります。
(2) これらの方式のうち，自家にとって最もメリットがある方式をとるべきです。その際，考慮しなければならないことは，採算等に中長期的に検討して可能かどうかをよくみなければなりません。
(3) 将来，採算悪化して処分して切り抜けられないと残された遺族は，相続財産を売却したくても売却できず，持ち続ければ債務超過におちいるリスクが高まります。

## 4 遺言書，死因贈与契約書等による遺産分割と相続税の計算

下記の相続財産を前提として，遺言書の作成方法例による遺産の分割と相続税の計算方法を示します。

```
(相続財産の内容)
現金預金　50,000,000円
自　　宅　（240㎡　土地評価額50,000,000円，建物評価額，40,000,000円）
駐　車　場（200㎡　土地評価額30,000,000円）
```

## ケース1　遺言書による分割

被相続人：父，相続人：母・子供2人（長男A，次男B）。自宅は母が相続し居住している。遺言書例は抜粋である（以下同じ）。

---

遺　言　書

第1条
　遺言者は，その相続人である配偶者に対し，自宅（土地・建物）を相続させる。

第2条
　遺言者は，その相続人である長男Aに対し，現金預金50,000,000円を相続させる。

第3条
　遺言者は，その相続人である次男Bに対し，駐車場を相続させる。

（付言例）長男は，母親をその一生涯にわたる扶養をして面倒をみなければならない。

---

法定相続人は，母，長男A，次男Bの3人です。遺言の効力が生じ，遺産分割協議が遺言書のとおり行われた場合の相続税の計算方法は次のようになります。なお，長男Aおよび次男Bは未成年ではありません。

（単位：円）

|  | 母 | 長男A | 次男B | 合計 |
|---|---|---|---|---|
| 課税価格 | 50,000,000 | 50,000,000 | 30,000,000 | 130,000,000 |
| 基礎控除額 | － | － | － | 48,000,000 |
| 相続税の総額 | － | － | － | 11,350,000 |
| あん分割合 | 0.38 | 0.38 | 0.24 | 1.0 |
| 算出税額 | 4,313,000 | 4,313,000 | 2,724,000 | 11,350,000 |
| 配偶者控除 | 4,313,000 | － | － | 4,313,000 |
| 相続税額 | 0 | 4,313,000 | 2,724,000 | 7,037,000 |

（注）　小規模宅地等の特例適用（特定居住用宅地等）。

| ケース2 | 遺言公正証書による分割：養子に遺贈する場合 |

被相続人：母、相続人：子供2人（長男A，次男B）・養子C（Aの子供）。自宅は，次男Bが相続し居住している。

---

遺 言 公 正 証 書

第1条
　遺言者は，その相続人である長男Aに対し，現金預金30,000,000円を相続させる。

第2条
　遺言者は，その相続人である次男Bに対し，自宅（土地・建物）を相続させる。

第3条
　遺言者は，その相続人である養子Cに対し，駐車場と現金預金20,000,000円を相続させる。

第4条（債務等がある場合）
　債務及び葬式費用は長男Aに承継させる。

（公正証書の場合は，一定の様式・記載内容及び証人立ち合いのもと公証人が作成することとなる。）

---

法定相続人は，長男A，次男B，養子Cの3人です。

遺言の効力が生じ，遺産分割協議が遺言書のとおり行われた場合の相続税の計算方法は次のようになります。なお，長男A，次男Bおよび養子Cは未成年ではありません。

（単位：円）

|  | 長男A | 次男B | 養子C | 合計 |
|---|---|---|---|---|
| 課税価格 | 30,000,000 | 50,000,000 | 50,000,000 | 130,000,000 |
| 基礎控除額 | − | − | − | 48,000,000 |
| 相続税の総額 | − | − | − | 10,799,800 |
| あん分割合 | 0.24 | 0.38 | 0.38 | 1.0 |
| 算出税額 | 2,591,952 | 4,103,924 | 4,103,942 | 10,799,800 |
| 2割加算 | − | − | 820,784 | 820,784 |
| 相続税額 | 2,591,900 | 4,103,900 | 4,924,700 | 11,620,500 |

（注）　小規模宅地等の特例適用（特定居住用宅地等）。

## ケース3　遺言書による分割：兄弟姉妹に遺贈する場合

被相続人：母，相続人：子供1人(A)・母の姉・母の妹。自宅は，子供が相続し居住している。

---

遺　言　書

第1条
　遺言者は，その相続人である子供Aに対し，自宅（土地・建物）と現金預金20,000,000円を相続させる。

第2条
　遺言者は，その姉に対し，現金預金30,000,000円を相続させる。

第3条
　遺言者は，その妹に対し，駐車場を相続させる。

（付言例）遺言者は，○○家の事業全体をAに跡継ぎさせたいため，本遺言書を作成したものである。

---

法定相続人は，子供1人です。遺言の効力が生じ，遺産分割協議が遺言書のとおり行われた場合の相続税の計算方法は次のようになります。なお，子供は未成年ではありません。

（単位：円）

|  | 子供 | 母の姉 | 母の妹 | 合計 |
|---|---|---|---|---|
| 課税価格 | 70,000,000 | 30,000,000 | 30,000,000 | 130,000,000 |
| 基礎控除額 | － | － | － | 36,000,000 |
| 相続税の総額 | － | － | － | 21,200,000 |
| あん分割合 | 0.54 | 0.23 | 0.23 | 1.0 |
| 算出税額 | 11,448,000 | 4,876,000 | 4,876,000 | 21,200,000 |
| 2割加算 | － | 975,200 | 975,200 | 1,950,400 |
| 相続税額 | 11,448,000 | 5,851,200 | 5,851,200 | 23,150,400 |

（注）　小規模宅地等の特例適用（特定居住用宅地等）。

## ケース4 遺言書による分割：甥・姪に遺贈する場合（相続人に子供はいない）

被相続人：甲，相続人：甥A（被相続人の兄の長男）・姪B（被相続人の妹の長女）・以前死亡の被相続人の配偶者の甥Cにそれぞれ死因贈与する。自宅は，甥Aが相続し居住しない。なお，甥Aの父親および姪Bの母親は生存している。

---

### 遺　言　書

第1条
　遺言者は，甥Aに対し，自宅（土地・建物）を遺贈する。

第2条
　遺言者は，姪Bに対し，駐車場を遺贈する。

---

### 死因贈与契約書

第1条
　平成○○年○月○日，贈与者は，自己の財産のうち現金預金50,000,000円を受贈者甥Cに無償で贈与することを約し，受贈者甥Cはこれを受諾した。

第2条
　本件遺贈は贈与者の死亡を停止条件として効力を生じ，かつ贈与物件の所有権は当然受贈者に移転する。

（死因贈与は，贈与税申告ではなく，相続税申告となる。）

---

法定相続人は，2人（被相続人の兄，被相続人の妹）です。遺言及び死因贈与契約の効力が生じた場合の相続税の計算方法は次のようになります。

（単位：円）

|  | 甥A | 姪B | 甥C | 合計 |
|---|---|---|---|---|
| 課税価格 | 90,000,000 | 15,000,000 | 50,000,000 | 155,000,000 |
| 基礎控除額 | − | − | − | 42,000,000 |
| 相続税の総額 | − | − | − | 19,900,000 |
| あん分割合 | 0.58 | 0.10 | 0.32 | 1.0 |
| 算出税額 | 11,542,000 | 1,990,000 | 6,368,000 | 19,900,000 |
| 2割加算 | 2,308,400 | 398,000 | 1,273,600 | 3,980,000 |
| 相続税額 | 13,850,400 | 2,388,000 | 7,641,600 | 23,880,000 |

（注）　駐車場について小規模宅地等の特例を適用。

## 相続対策と税務診断

(1) 相続争いが頻発しており，当家でもその可能性があるような場合，生前にケース1，2，3のように遺言書を作成する場合や，ケース4のような死因贈与契約書によって遺産分割を決定することが必要な場合もあります。

(2) 遺言書は，被相続人の一方的意思で相続人に知らせずにできますが，死因贈与契約書は受贈者の署名・押印が必要であるので贈与の意思が明らかになります。

(3) 以上のように，相続発生後にもめることもあるので，遺言書に付言を記しておくこともあり，これを詳しく意思を伝えるために，法的拘束力はありませんが意識的には有用です。

## 5 遺言書，死因贈与契約書，法人株式，相続時精算課税制度における相続・贈与の留意点

不動産を相続・承継する①遺言書の場合，②死因贈与契約による場合，③不動産所有法人株式の相続による場合，④不動産所有法人の株式の相続時精算課税制度による贈与の場合のメリットと留意点は，次のとおりです。

### ケース1　遺言書による不動産相続

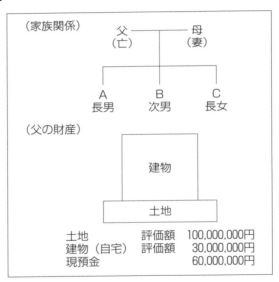

公正証書遺言書による分割を次のように行います。

　　土地・建物　　母　　2分の1

　　　　　　　　　A　　2分の1（同居中）

　　現預金　　母　30,000,000円

　　　　　　　A　10,000,000円

　　　　　　　B　10,000,000円

　　　　　　　C　10,000,000円

　　※小規模宅地の特例は，考慮しないものとする。

〈公正証書遺言の例示〉

---

遺言公正証書

　本公証人は，遺言者　　の嘱託により，証人　　，同　　立会いのもとに，遺言者の口述を筆記して，この証書を作成する。
　　遺言者は，平成　　年　　月　　日　東京法務局所属公証人　　作成同年第　　号による遺言の全部を撤回し，改めて以下のとおり遺言する。

第○条　遺言者は，遺言者の有する預貯金，現金及び動産その他一切の財産を，（　　年　　月　　日生，住所：　　　　番2号　以下「　　」という。）に遺贈する。
第○条　遺言者は，この遺言の遺言執行者として，　　を指定する。
2　遺言執行者は，すべての相続人の承諾なくして，遺言執行者単独で，遺言の執行に係る預貯金等の名義書換え，解約及び払戻し，その他本遺言の執行に必要な一切の権限を有する。

［付言］
　1　遺言者は，



　　遺言者
　　　　　　　　　　平成　　年　　月　　日

　上記遺言者及び証人に読み聞かせ，かつ閲覧させたところ，各自この筆記の正確なことを承認し，各自次に署名押印する。

　　　遺言者　　　　　　　　　　印

　　　証人　　　　　　　　　　　印

　　　証人　　　　　　　　　　　印

　東京都
　　東京法務局所属
　　　　公証人

---

相続税の計算は下記のとおりです。

　　取得財産の価額190,000,000円 − 基礎控除額54,000,000円 ＝ 課税遺産総額136,000,000円

　　妻　　$136{,}000{,}000円 \times \dfrac{1}{2} = 68{,}000{,}000円$

$\quad$ A $\quad 136{,}000{,}000$円 $\times \frac{1}{6} = 22{,}666{,}000$円（千円未満切捨て）

$\quad$ B $\quad 136{,}000{,}000$円 $\times \frac{1}{6} = 22{,}666{,}000$円（千円未満切捨て）

$\quad$ C $\quad 136{,}000{,}000$円 $\times \frac{1}{6} = 22{,}666{,}000$円（千円未満切捨て）

$\quad$ 妻 $\quad 68{,}000{,}000$円 $\times 30\% - 7{,}000{,}000$円 $= 13{,}400{,}000$円

$\quad$ A $\quad 22{,}666{,}000$円 $\times 15\% - 500{,}000$円 $= 2{,}899{,}900$円

$\quad$ B $\quad 22{,}666{,}000$円 $\times 15\% - 500{,}000$円 $= 2{,}899{,}900$円

$\quad$ C $\quad 22{,}666{,}000$円 $\times 15\% - 500{,}000$円 $= 2{,}899{,}900$円

$\qquad\qquad\qquad\qquad\qquad$ 合計$22{,}099{,}700$円

（各人の算出税額）

$\quad$ 妻 $\quad 22{,}099{,}700$円 $\times 95{,}000{,}000$円$/190{,}000{,}000$円 $= 11{,}049{,}850$円

$\quad$ A $\quad 22{,}099{,}700$円 $\times 75{,}000{,}000$円$/190{,}000{,}000$円 $= 8{,}723{,}565$円

$\quad$ B $\quad 22{,}099{,}700$円 $\times 10{,}000{,}000$円$/190{,}000{,}000$円 $= 1{,}163{,}142$円

$\quad$ C $\quad 22{,}099{,}700$円 $\times 10{,}000{,}000$円$/190{,}000{,}000$円 $= 1{,}163{,}142$円

（各人の相続税額）

$\quad$ 妻 $\qquad 0$円（配偶者の税額軽減額適用）

$\quad$ A $\quad 8{,}723{,}500$円

$\quad$ B $\quad 1{,}163{,}100$円

$\quad$ C $\quad 1{,}163{,}100$円

〈留意点の税務診断〉

① 遺言書を残すことにより，
- 自分の遺産の相続を，自分の意思のとおりに定めることができる。
- 相続人全員の遺産分割協議の手間を省くことができる。
- 相続人たちが，遺産をめぐってのトラブルを防止・軽減することができる。
- 相続手続きの負担が軽減され，スムーズに進めることができる。
- 相続に関して，〔付言〕によって家族への思いや願いを伝えることができる。
- 遺言書の内容に相続人が，不満を抱く場合もあり得る。
- 遺言書は後日，書き直すこともできる。

② 遺言によって，自由に自己の財産を処分できるが，遺留分を侵害した場合は，遺留分権者から減殺請求があればそれに服することになる。

### ケース2　死因贈与契約書による不動産相続

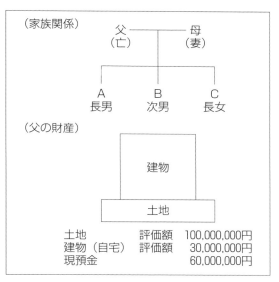

死因贈与契約書による相続は次のとおりです。

　土地・建物　母　2分の1
　　　　　　　A　2分の1（同居中）
　現預金　母　30,000,000円
　　　　　A　　　　　0円
　　　　　B　15,000,000円
　　　　　C　15,000,000円
　※小規模宅地の特例は，考慮しないものとする。

〈死因贈与契約書例〉

---

死因贈与契約書

　贈与者・　　（以下「甲」という）と受贈者・　　（以下「乙」という）は，本日，つぎのとおり，死因贈与契約を締結した。

第1条（贈与契約及びその目的）
　甲は，乙に対し，甲の相続開始時に有する一切の財産（不動産，動産，預貯金，株式，その他一切の財産）を贈与し，乙はこれを受諾した。

第2条（効力発生時期）
　前条の贈与は，甲が死亡した時に当然にその効力を生じ，一切の権利は，その時，乙に移転する。

第3条（本件贈与の執行者及びその権限）
　甲は，本件贈与の効力発生後の本件贈与の執行者を乙と指定し，乙に対し，本件贈与を執行するに必要な一切の権限を委任し，乙はこれを受任した。

　本契約成立を証するため，贈与契約書2通を作成し，甲乙各1通を保有する。

平成　　年　　月　　日

　　贈与者（甲）
　　　住所
　　　氏名　　　　　　　　　　印

　　受贈者（乙）
　　　住所
　　　氏名　　　　　　　　　　印

---

相続税の計算は下記のとおりです。

　取得財産の価額190,000,000円－基礎控除額54,000,000円＝課税遺産総額136,000,000円

　　妻　　136,000,000円×1/2＝68,000,000円

　　A　　136,000,000円×1/6＝22,666,000円（千円未満切捨て）

　　B　　136,000,000円×1/6＝22,666,000円（千円未満切捨て）

　　C　　136,000,000円×1/6＝22,666,000円（千円未満切捨て）

　　妻　　68,000,000円×30％－7,000,000円＝13,400,000円

A　22,666,000円×15％－500,000円＝2,899,900円
B　22,666,000円×15％－500,000円＝2,899,900円
C　22,666,000円×15％－500,000円＝2,899,900円
合計22,099,700円

（各人の算出税額）
妻　22,099,700円×95,000,000円／190,000,000円＝11,049,850円
A　22,099,700円×65,000,000円／190,000,000円＝7,560,423円
B　22,099,700円×15,000,000円／190,000,000円＝1,744,713円
C　22,099,700円×15,000,000円／190,000,000円＝1,744,713円

（各人の相続税額）
妻　　　0円（配偶者の税額軽減額適用）
A　7,560,400円
B　1,744,700円
C　1,744,700円

〈留意点の税務診断〉

死因贈与契約を交わすことにより，
・自分の遺産の相続を，自分の意思のとおりに定めることができる。
・相続人たちが，遺産をめぐってのトラブルを防止・軽減することができる。
・死因贈与契約書の内容に他の相続人が，不満を抱く場合もあり得る。
・死因贈与契約により贈与された財産が不動産の場合には，不動産取得税が課される。
・不動産登記の登録免許税が相続による場合に比べ割高になる。
・贈与契約後に財産が移転されると，契約時よりも相続財産が減少している場合がありうる。
・贈与契約後に，一方的に契約内容を変更することは難しいので，解約条項を記載する場合もある。

### ケース3　不動産所有法人の株式の相続

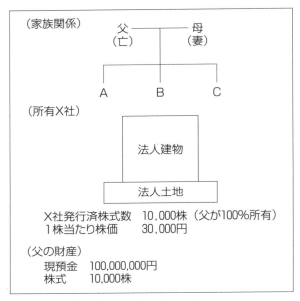

遺産分割協議による分割は次のようになりました。

現預金　母　20,000,000円
　　　　A　50,000,000円
　　　　B　20,000,000円
　　　　C　10,000,000円
X社株式　母　5,000株
　　　　　A　5,000株

（相続税の計算）

取得財産の価額400,000,000円－基礎控除額54,000,000円＝課税遺産総額346,000,000円

妻　346,000,000円×1/2＝173,000,000円
A　346,000,000円×1/6＝57,666,000円（千円未満切捨）
B　346,000,000円×1/6＝57,666,000円（千円未満切捨）

C 346,000,000円×1/6＝57,666,000円（千円未満切捨）

妻 173,000,000円×40％－17,000,000円＝52,200,000円
A 57,666,000円×30％－7,000,000円＝10,299,800円
B 57,666,000円×30％－7,000,000円＝10,299,800円
C 57,666,000円×30％－7,000,000円＝10,299,800円
　　　　　　　　　　　　合計83,099,400円

（各人の算出税額）
妻 83,099,400円×170,000,000円/400,000,000円＝35,317,245円
A 83,099,400円×200,000,000円/400,000,000円＝41,549,700円
B 83,099,400円×20,000,000円/400,000,000円＝4,154,970円
C 83,099,400円×10,000,000円/400,000,000円＝2,077,485円

（各人の相続税額）
妻　　　 0円（配偶者の税額軽減額適用）
A 41,549,700円
B 4,154,900円
C 2,077,400円


〈留意点の税務診断〉
① AはX社株式を50％相続することにより，BおよびCと比較して，相続税の納税額が多額となるため，現預金50,000,000円も相続した。非上場株式のみを相続する場合は，納税資金の確保も合わせて考慮しなければならない。
② 相続開始前は，父が株式を100％所有していた。非上場株式の相続の分割は，相続後の保有割合も考慮の上，決定する必要がある。本ケースでは，BおよびCに相続させないことにより，X社の株式の分散を防いだ場合である。

> ケース4　不動産所有法人の株式の相続時精算課税制度による贈与

> 株式　6,000株，1株当たりの株価30,000円とする。

贈与時の贈与税の計算は次のとおりです。

（180,000,000円※ − 25,000,000円）× 20％ ＝ 31,000,000円

　※ ＠30,000円 × 6,000株 ＝ 180,000,000円

〈留意点の税務診断〉

① 適用対象者

贈与者：贈与した年の1月1日において60歳以上の父母または祖父母

受贈者：贈与受けた年の1月1日において20歳以上の推定相続人および孫

※ たとえば，子が父母から贈与を受けた場合，父母のそれぞれについて，相続時精算課税の適用を受けるか否かを選択できる。また，父から2人の子が財産の贈与を受けた場合，2人の子のそれぞれが，相続時精算課税制度の適用を受けるか否か選択できる。

② 手続要件

この制度を選択した受贈者は，その選択に係る最初の贈与を受けた年の翌年2月1日から3月15日までの間に，贈与税の申告書に相続時精算課税選択届出書を添付して，所轄税務署長に提出する。

届出書には，受贈者の戸籍謄本等，受贈者の戸籍の附票の写し，贈与者の住民票の写し等の書類を添付する必要がある。

③ 適用対象財産

贈与財産の種類・価額・贈与回数は問わない。

④ 贈与税額

一度相続時精算課税制度を選択した場合，選択した年以後については，いわゆる暦年課税（基礎控除額110万円を控除後の課税価格に応じ累進税率を適用）を選択することはできず，贈与財産の価額の合計額から特別控除額2,500万円を控除した後の金額に，一律20％の税率を乗じて計算する。

設例では1回の贈与で特別控除額2,500万円を超えているが，贈与は何年かに分けて行うことも可能であり，たとえば1年目に1,000万円，2年目

に2,000万円贈与した場合には，1年目には贈与税が課税されず，2年目において，贈与額の累計額3,000万円から2,500万円を控除した残額500万円について，20％の贈与税が課税されることになる。

　なお，この制度を選択した場合には，特別控除額の範囲内で納付税額がなくても，必ず贈与税の申告を行わなければならない。

⑤　相続税額
・贈与者の相続税の計算上は，相続時精算課税を適用した贈与財産の価額を相続財産の価額に加算して計算した相続税額から，すでに支払った相続時精算課税制度に係る贈与税額を控除する。そして，相続税額から控除しきれない金額がある場合には，その控除しきれない贈与税相当額の還付を受けることができる。相続税の計算時に加算する贈与財産の価額は，贈与時の時価によるものとされている。したがって，納税額に着目すれば，贈与された財産の時価が，相続時において贈与時よりも上昇しているときは，有利になるが，下落しているときは不利となる。
・この制度を利用する目的として，事業承継を円滑に行うという点が考えられる。仮に長男AにX社の事業を承継させる場合には，父の生前に所有株式を長男Aに贈与することにより，相続の際に争うことなく，長男AはX社の持分50％超を取得し支配権を獲得することができるというメリットがある。
・相続時精算課税制度を選択した場合，相続時にその選択をした受贈者が相続財産を取得しなかった場合でも，贈与を受けた財産について精算課税が行われる。

## 相続対策と税務診断

(1)　不動産の相続を次代へスムーズに進めるためには，相続人間の不満を解決しておく必要があるので，計画的に贈与，遺言書作成を考えておかなければなりません。
(2)　遺言書作成や死因贈与契約書を作成する方式以外に，個人不動産を法人へ移転（譲渡，建設等）しておき，法人の株主によって所有させておく方

式もあります。したがってこの場合は，法人株式の相続ということも生じます。
(3) また，この法人株式を生前に，その支配割合を承継する相続人に，確定的に贈与する方式として相続時精算課税制度の贈与もあります。

## 6 ■ 不動産相続と事業・経営承継の留意点

不動産相続と会社の事業・経営承継のスキームと税務上の留意点は次のとおりです。

ケース1　不動産を法人・個人が所有し，不動産賃貸・管理を法人で実施している

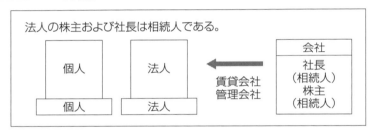

〈メリット〉
① 個人所有の不動産については個人が自由に使用，収益，処分できる。
② 法人所有の不動産から生じる所得は，社長の親族を役員や従業員として採用することにより，親族に分散することが可能となる。

〈デメリット〉
① 法人名義の不動産を売却する際，個人が不動産を売却する場合と異なり株主の同意を得るなど手間を要することがある。
② 土地・建物は個人および法人が所有しているため，相続時には，個人所有の不動産の評価に加え，法人の株価を評価して相続財産を算定することになる。これらすべてに対して遺産分割協議を行うため，分割協議の内容によっては権利・支配関係が複雑になることがある。
③ 個人所有の不動産と法人所有の不動産では所得の帰属が異なるため，その分配が煩雑になることがある。

〈留意点の税務診断〉
① 株主でもある被相続人について相続が発生した場合，相続財産は土地，建物および株式になる。株式の分割次第で会社の統治が変わることがある。
② 株式について譲渡制限があり，会社定款で相続人に対する株式売渡請求の規定がある場合，相続による株式について会社の判断で強制的に会社が買い取ることが可能である。
③ 個人・法人の不動産は分散させないための遺言書の作成が必要になる。

**ケース2**　不動産は全て法人が所有し，不動産賃貸・管理を法人で実施している

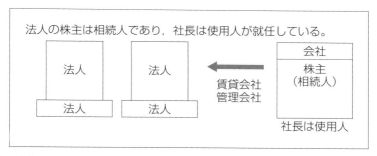

〈メリット〉
① 所有と経営が分離しており，会社経営に関する意思決定等が迅速に行える。
② 土地・建物ともに法人が所有しているため，個人である株主（相続人）は，法人の株価を評価することにより相続財産を算定することができるため，株主が複数人いれば，相続財産は分散され，各相続人の株式の持分割合によって相続財産が決定する。
③ 土地・建物ともに法人が所有しているため，個人（株主）との地代家賃の授受の必要がない。

〈デメリット〉
① 社長と株主が経営に関して対立した場合，株主総会決議により社長を解任される可能性がある。
② 株主である相続人は，会社からキャッシュを得るためには配当がなけれ

ばならないが，配当については取締役会が決議する必要があり，また分配可能額の上限がある。

〈留意点の税務診断〉
① 株主である相続人について相続が発生した場合，相続財産は株式になるため，法人の株価算定が重要となる。このとき，その相続人の持分割合等により，法人株価の評価の算定方法が異なる。
② 株式について譲渡制限があり，会社定款で相続人に対する株式売渡請求の規定がある場合，相続による株式について会社の判断で強制的に会社が買い取ることが可能である。
③ 個人は不動産を保有せず，法人に一本化することにより不動産の分散を防げるが，株式相続分割の方策が必要になる。

ケース3　不動産を法人・個人が所有し，事業を法人で実施している

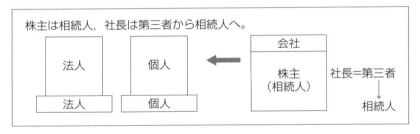

〈メリット〉
① 不動産を法人が所有する。
　⇒借入れする際の担保物件となる。
　　固定資産税をはじめとして，その不動産関連の諸経費が法人の経費となる。
② 不動産を個人が所有する。
　⇒長期譲渡なら，分離課税なので有利である。
③ 事業会社の社長に，外部の経験のある人材をヘッドハンティング等により登用することにより，事業のさらなる発展を期待できる（しかし，場合によっては期待外れに終わってしまい，結果的には，相続人である親族を

社長に任命することもありうる)。

〈デメリット〉
① 不動産を法人が所有する。
   ⇒法人税率は個人の分離課税率より高くなる。
② 不動産を個人が所有する。
   ⇒単なる居住用としての所有ならば，固定資産税等の諸経費は経費とならない。

〈留意点の税務診断〉
① 会社の株式を贈与等により，どのタイミングで相続人に移すかがポイントである。その際，退職により退職金を支給し，株価を大きく低減させること等が必要である。
② 株式・不動産を所有する相続人と事業会社第三者社長との業績配分の方策が必要となる。

### ケース4　不動産を個人・法人が所有し，不動産賃貸・管理をA法人で，事業をB法人で実施

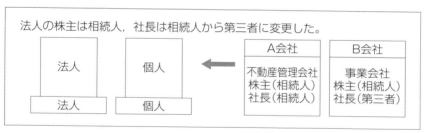

〈メリット〉
① 事業会社は所有と経営が分離し，経営に適した人材を外部から登用することができる。
② 事業会社の株主と社長の意見が異なった場合，社長を交代させるなどにより株主の意向を尊重させることができる。

〈デメリット〉
① 第三者の社長は創業者の親族ではないため，創業者が培ってきた企業風土や企業文化を踏襲することが難しい場合がある。

②　所有と経営が分離しているので，常に社長の業績評価を行わなければならず，社長は株主の顔色を窺って経営することにもなりかねない。

〈留意点の税務診断〉
①　相続が発生した場合，A社株式・B社株式ともに相続財産になり，それぞれ評価が必要になる。
②　事業会社については，創業者およびその親族が得る収入は，役員または従業員として会社に残らない場合は配当によることになる。
③　法人株式，不動産所有の相続人，不動産管理会社と第三者社長の事業会社の業績配分の方策が必要となる。

ケース5　土地は個人・建物は法人が所有し，不動産賃貸・管理を法人で実施

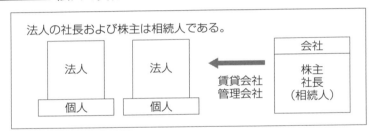

〈メリット〉
①　所有と経営が一致しており，株主の意向を会社に反映させることができる。
②　相続人である社長は，会社から報酬と地代収入が得られる。会社の状況によっては配当金を得ることも可能である。
③　社長の親族を会社の役員または従業員に採用することにより，所得の分散が可能となる。

〈デメリット〉
①　法人は個人に地代を支払う必要がある。当該地代の金額によっては，法人の株価評価および相続開始時の個人の土地の評価が異なってくる。
②　同族経営となるため，役員報酬や管理料等について高額（お手盛り）となる可能性がある。

〈留意点の税務診断〉
① 本ケースのように同族関係者等の特殊関係者間の取引では，地代の金額設定により，税務上は，賃貸借契約か使用貸借契約に分かれる。
② 権利金の認定課税が行われないように，土地の無償返還に関する届出を提出することを検討する必要がある。
③ 個人・法人で永続的に一体所有するためには，遺言書，死因贈与・譲渡を検討する必要がある。

### 相続対策と税務診断

(1) 不動産を個人または法人で所有している場合や，土地・建物を個人または法人を一括あるいは別に所有している場合等，種々の組み合わせがあります。
(2) また，法人または個人が本来の事業を行いながら不動産を保有している場合もあります。それらの場合，どのようなメリット・デメリットが相続権はもとより所得税・法人税にどう関係してくるかを見極めておく必要があります。

## 7 法人とその株主である個人を関連させた土地の活用

個人（法人の株主）の土地100坪（路線価坪200万円）を活用する4つのケースと法人が地主の場合の一例を想定し，評価額がどのように変わるか，税務上のメリット・デメリットは次のとおりです。

### ケース1　無償返還の土地

法人は事業会社であり、個人（法人の株主）から土地を借用するにあたり無償返還の届出書を提出している。地主である個人に相続が発生した場合、相続税評価額（底地）はいくらになるか？

法人建物

100坪　個人土地

路線価坪200万円

200万円×100坪×0.8＝1億6,000万円

借地権は発生しないが、建物があることによる利用制限として20％減額できる。

（税務診断）
① 借地権はないが、建物による利用制限として減額した更地価額の20％分を、法人の株式の相続税評価にあたり資産計上する必要がある。
② 地代は0であってもよい。

### ケース2　相当の地代を支払っている土地

法人は事業会社であり、個人（法人の株主）から土地を借用するにあたり相当の地代を支払っている。地主である個人に相続が発生した場合、相続税評価額（底地）はいくらになるか？

法人建物

100坪　個人土地

路線価坪200万円

土地評価額200万円×100坪×0.8＝1億6,000万円

ただし，地代調整貸宅地の割合を80％とした場合。地代調整貸宅地の割合は「1－借地権割合」を限度とする。

(税務診断)
① 法人の株式の相続税評価にあたり，「1－地代調整貸宅地の割合」を資産計上する必要がある。
② 地代調整貸宅地の割合は以下の算式で求める。

$$自用地としての価額 \times 借地権割合 \times \left(1 - \frac{実際に支払っている地代の年額 - 通常の地代の年額}{相当の地代の年額 - 通常の地代の年額}\right)$$

(注) 1 相当の地代：その土地の自用地としての価額に対しておおむね6％程度の地代
2 通常の地代：その地域において，通常の賃貸借契約に基づいて，通常支払われる地代

③ 地代は更地価額の6％以上（相当の地代額200万円×100坪×6％＝1,200万円）となり，これを個人に移転する方式はメリットがある。前掲の事例『無償返還の土地』では地代の収受がなければ個人地主に不動産収入は発生しないが，このケースでは法人の所得を個人の所得に分散する効果がある。
④ 土地が値上がりしている場合は，借地権が法人に自然発生する可能性があり，その分，個人の底地の評価額が下がる可能性が見込める。

## ケース3  建物を建設し，法人に貸し付けるケース

個人が自己の所有する土地に借入金1億円で建築費1億円の建物を建築し，法人（不動産管理会社を設立する）に貸し付けた場合，相続税評価額の総額はいくらになるか？　ただし，相続発生時の建物の固定資産税評価額は6,000万円（借家権割合0.3控除後の評価額），借入金8,000万円とする。

個人A 建物

100坪　個人土地

路線価坪200万円

200万円×100坪×(1－0.7×0.3)＝　　1億5,800万円
建物　　　　　　　　　　　　　　　6,000万円
借入金　　　　　　　　　　　　－　8,000万円
相続税評価額の合計　　　　　　　　1億3,800万円

（注）貸家建付地評価額（ただし，借地権割合70％，借家権割合30％とする。）

**（税務診断）**

① 相続税評価にあたり，土地は貸家建付地の評価額となり，評価の減額を図ることができる（この事例では0.7×0.3で21％）。
② 自己所有の土地に自己所有の建物を建てるため，地代の授受はない。
③ 法人に賃貸することで，借家権の評価減（30％）が可能である。
④ 法人の株価の評価に土地，建物の評価は影響しない。

### ケース4　使用貸借契約の土地

個人Aの土地に，B（Aの親族）が借入金1億円で建築費1億円の建物の建設を行う。土地の貸借にあたり，使用貸借契約を結ぶ。個人A，B（Aの親族）の生計は別とする。相続発生時の建物の固定資産税評価額6,000万円（借家権割合0.3控除後の評価額），借入金8,000万円とする。相続税評価額の総額はいくらになるか？
　なお，建物はBが設立する法人（不動産管理会社）が賃貸借契約に従って使用するものとする。

Aの相続税評価額：自用地200万円×100坪 ＝ 2億円

Bの相続税評価額：建物　　　　　6,000万円
　　　　　　　　借入金　　　　－8,000万円
　　　　　　　　　　　　　　　△2,000万円

Aの相続税評価額は2億円となり，Bの相続税評価額は△2,000万円となる。

（税務診断）
① 相続税評価にあたり，土地の価額は自用地価額となる。
② 個人間の土地の貸借にあたり，使用貸借の場合，無償返還の届出は不要。
③ 地代の授受はなくともよい。
④ 法人の株価の評価に土地建物の評価は無関係である。

### ケース5　法人が地主であるケース

事業会社である法人Aから法人Bが土地を借りて建物を建てた場合，(A)無償返還の届出方式の地代はいくらになるか（固定資産税程度で可か）？　(B)相当の地代方式の地代はいくらになるか（更地価額（時価）の6％か）？　なお，法人Bは法人Aグループの不動産管理会社である。

路線価坪200万円

(A) **無償返還の届出方式の地代**

地主が法人の場合は，無償返還の届出があっても，更地価額の6％以上の地代を支払わなければならない。

(B) **相当の地代方式の地代**

200万円×100坪×6％＝1,200万円／年

ただし，土地の時価（200万円×100坪）は，公示価格等から合理的に算定した価額，または相続税評価額の過去3年間の平均額により計算した価額によることができるとされている。

（税務診断）
① 地価の下落により，相当の地代が高めになる傾向があり，総じて，法人の収益を圧迫する要因にもなりかねないことに注意しなければならない。
② 地主が法人の場合は，無償返還の届出があっても，更地価額の6％以上

の地代を支払わなければならない。したがって，固定資産税程度の支払では地代の認定課税の問題が生じる可能性がある。すなわち，「相当の地代－固定資産税額」の金額が認定課税される。

③　法人Bの株価の算定に法人Aの土地の「1－地代調整貸宅地の割合」を資産計上する。

④　相当の地代の授受があった場合は，借地権割合を限度とする。

⑤　無償返還の届出方式の場合は，3年ごとに地代を見直すこと。20％の評価減となる場合が多い。

### 相続対策と税務診断

(1)　土地・建物を個人・法人とするかによって相続税は異なると同時に，相続財産の結果的な移転が生ずることになる場合もあるので，将来の計画を含めて対策を行わなければなりません。

(2)　法人が所有者になる場合，賃貸家賃収入や地代収入があり，これを原資として相続資金の対策とすることもできます。

(3)　一方，相続発生時には，法人の株主，役員として相続人がなることになりますが，相続人間の不公平によりクレームが生ずることが想定されることから事前にその準備が必要です。

## 8　不動産相続における路線価の相違による対策

### ケース1　路線価　坪／300万円のケース

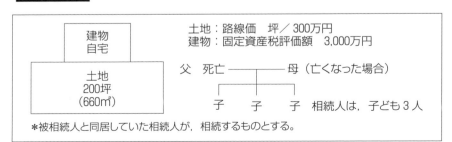

Chapter3 ケースでわかる相続税と税務診断 ◆ *129*

```
┌──────────┐
│ 相続税対策前 │
└──────────┘
```

〈相続税額の計算〉

(小規模宅地の評価減)

① 土地の評価　300万円×200坪－(6億円×330㎡/660㎡×0.8)＝3億6,000万円

② 建物の評価(自宅)　3,000万円

③ 遺産総額　3億6,000万円(土地)＋3,000万円(建物)＝3億9,000万円

④ 相続に係る基礎控除額　3,000万円＋600万円×3人＝4,800万円

⑤ 課税価格の合計　3億9,000万円－4,800万円＝3億4,200万円

⑥ 相続税額　8,580万円(対策前)

```
┌──────────┐
│ 相続税対策後 │
└──────────┘
```

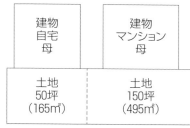

建築費　5,000万円　　　建築費　1億5,000万円
(うち借入れ　3,000万円) (うち借入れ　1億5,000万円)

土地：路線価　坪／300万円
建物評価：(自宅) 4,000万円
建物評価：(マンション) 1億3,000万円
借入金残高：1億6,000万円

母が亡くなった場合

＊被相続人と同居していた相続人が，相続するものとする。

〈相続税額の計算〉

① 土地の評価(自用地)　300万円×50坪＝1億5,000万円

　小規模宅地等の減額　1億5,000万円×165㎡/165㎡×0.8＝1億2,000万円

　　　　　　　　　　1億5,000万円－1億2,000万円＝<u>3,000万円</u>

(借地権割合)(借家権割合)

　土地の評価(貸家建付地)　300万円×150坪×(1－0.7×0.3)

　　　　　　　　　　　　＝3億5,550万円

(注)

　小規模宅地等の減額　3億5,550万円×100㎡/495㎡×0.5＝3,591万円

　　　(注)200㎡－165㎡×200/330＝100㎡

　　　　　　　　　　3億5,550万円－3,591万円＝3億1,959万円
② 建物の評価(自宅)　4,000万円
　　建物の評価(マンション)　1億3,000万円×(1－0.3)＝9,100万円
③ 遺産総額
　　　　　　　　　(土地)　　　　　　　　　　　(建物)　　　　　　　　(債務)
　　(3,000万円＋3億1,959万円)＋(4,000万円＋9,100万円)－1億6,000万円
　　＝3億2,059万円
④ 相続に係る基礎控除額　3,000万円＋600万円×3人＝4,800万円
⑤ 課税価格の合計　3億2,059万円－4,800万円＝2億7,259万円
⑥ 相続税額　6,077万円(対策後)

　相続対策を行うことにより，2,503万円相続税が減少する。


### ケース2　路線価　坪／400万円のケース

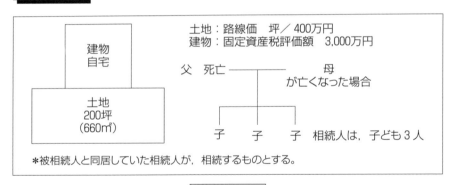

〈相続税額の計算〉
① 土地の評価　400万円×200坪－(8億円×330㎡／660㎡×0.8)＝4億8,000万円　　　　　　　　　　　　　　　　　　(小規模宅地の評価減)
② 建物の評価(自宅)　3,000万円
③ 遺産総額　4億8,000万円(土地)＋3,000万円(建物)＝5億1,000万円
④ 相続に係る基礎控除額　3,000万円＋600万円×3人＝4,800万円

⑤　課税価格の合計　5億1,000万円－4,800万円＝4億6,200万円
⑥　相続税額　1億3,380万円（対策前）

【相続税対策後】

建築費　5,000万円　　　建築費　1億5,000万円
（うち借入れ　3,000万円）（うち借入れ　1億5,000万円）

| 建物<br>自宅<br>母 | 建物<br>マンション<br>母 |
|---|---|
| 土地<br>50坪<br>（165㎡） | 土地<br>150坪<br>（495㎡） |

土地：路線価　坪／400万円
建物評価：（自宅）4,000万円
建物評価：（マンション）1億3,000万円
借入金残高：1億6,000万円

母が亡くなった場合

＊被相続人と同居していた相続人が，相続するものとする。

〈相続税額の計算〉

① 土地の評価（自用地）　400万円×50坪＝2億円

　　小規模宅地等の減額　2億円×165㎡／165㎡×0.8＝1億6,000万円

　　　　　　　　　　2億円－1億6,000万円＝<u>4,000万円</u>

　　　　　　　　　　　　　　　　（借地権割合）（借家権割合）
　　土地の評価（貸家建付地）　400万円×150坪×（1－0.7×0.3）

　　　　　　　　　　　　　＝4億7,400万円
　　　　　　　　　　　　　　　　　（注）
　　小規模宅地等の減額　4億7,400万円×100㎡／495㎡×0.5＝4,788万円

　　　　　（注）200㎡－165㎡×200／330＝100㎡

　　　　　　4億7,400万円－4,788万円＝4億2,612万円

② 建物の評価（自宅）　<u>4,000万円</u>

　　建物の評価（マンション）　1億3,000万円×（1－0.3）＝9,100万円

③ 遺産総額

　　　　　（土地）　　　　　　　（建物）　　　　　　（債務）
　（4,000万円＋4億2,612万円）＋（4,000万円＋9,100万円）－1億6,000万円

＝ 4億3,712万円
④　相続に係る基礎控除額　3,000万円＋600万円×3人＝4,800万円
⑤　課税価格の合計　4億3,712万円－4,800万円＝3億8,912万円
⑥　相続税額　<u>1億464万円</u>（対策後）
　相続対策を行うことにより，2,916万円相続税が減少する。

### 相続対策と税務診断

(1)　ケースのように相続対策を行うことにより，相続税が軽減できることになるが，その仕組み，すなわち軽減される理由を理解しておく必要があります。

(2)　このような負担付，すなわち借入金を用いた相続対策は比較的容易です。ただし，相続税の支払負担は軽減しますが，借入金負担が増えるので，そのバランスをよく検討しておく必要があります。

(3)　その意味は，1つには将来，家賃収入が減少してきたり，サブリース契約の条件変更があるような場合，資金的に行き詰まることのないように，計画的に資金を準備しておく必要があります。

(4)　路線価の変動は，その土地の状況や外部環境の変動とタイムラグ（時間的遅れの差）があるので，注意して対策をとらなければなりません。

Chapter 4

プロジェクト・ケース別
# 不動産活用による相続税対策と税務診断

不動産活用には，種々の活用パターンがある。不動産の状況と適用する税法の組み合わせによっていうならば無限にある。そこで，そのうち代表的な不動産活用のプロジェクト・ケースからみていく。

## 1 他法人所有土地の共同開発

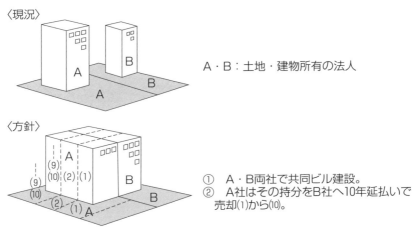

〈現況〉
A・B：土地・建物所有の法人

〈方針〉
① A・B両社で共同ビル建設。
② A社はその持分をB社へ10年延払いで売却(1)から(10)。

〈税務スキーム〉
① 共同で借地権を有するために地代を相殺する。
② A社は延払基準を適用して経理処理する。

### 相続対策と税務診断

(1) A法人・B法人ともに同族法人であり，個人財産を法人化することによって所有していた不動産であった。

(2) 将来の相続税の原資の増額を確保するためと，相続対策として法人の建て替えを行う。

(3) 隣地と共同して大規模化する。資金を捻出するために，A社は一部をB社へ売却した。

(4) A法人は，相続人予定者によって設立された会社であった。したがって，出資金額の割合や資金出所を明瞭にしておかなければならない。

## 2 法人欠損金の管理

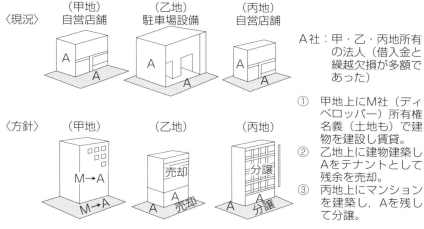

〈税務スキーム〉　① 甲地上のM社名義は担保としたもの（担保としての所有権移転登記）。
② 乙地上，丙地上建物の売却には利益が計上され繰越欠損金を消去する。

### 相続対策と税務診断

(1) A社は同族法人であり，法人によって相続による分散を防いでいった。
(2) 建物が老朽化し，採算が悪化。相続発生時および相続税の運営に，不動産経営は支障が予想された。
(3) そこで，甲・乙・丙土地を財産の組み替え手法でディベロッパーM社と共同して開発した。
(4) 将来の各相続人への承継財産を念頭に開発活用することが望ましい。

## 3 路線価の高い借地権を相続対策で活用

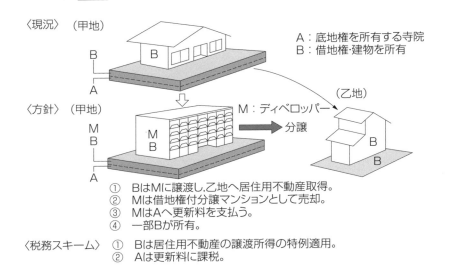

### 相続対策と税務診断

(1) Bは，路線価の高い借地権を将来の相続のために心配していた。

(2) そこで，M社を仲介者としてA寺院から建て替えのための承諾を得た。

(3) 相続発生時は，乙地は小規模宅地の評価減を適用し，賃貸用も貸家建付地評価で軽減した。

(4) 相続発生時には，相続人で分有できるように建築マンションの一部を所有した。この際，借入れをして返済可能な部分までBはマンションを取得することも採算性を考慮して決めなければならない。

## 4 夫婦共有不動産の建て替え

〈現況〉

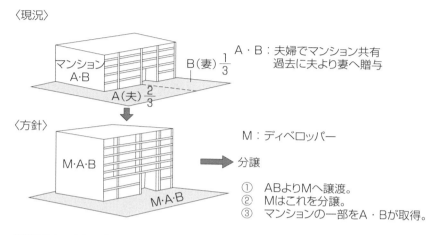

〈税務スキーム〉 ① A・Bは，特定事業用の資産の買換えの特例適用。

### 相続対策と税務診断

(1) 老朽化したA・B共有のマンションの将来への相続を心配していた。
(2) そこで，M社とともに建て替えの再開発を行うこととした。
(3) 立体買換えの特例を適用して建て替え，一部を取得した。
(4) 将来の相続を円滑に行うために，遺産分割しやすくするような建築を行った。
(5) 相続発生時には，相続人が分有し，住居あるいは賃貸可能となり，相続税原資も積み立てられており，納付可能な予測で実行しなければならない。

## 5 　工場の承継

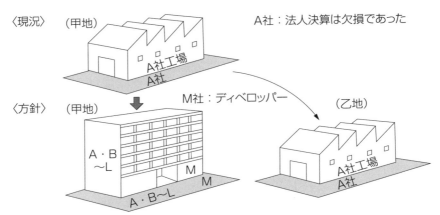

① A社は甲地を売却し，既成市街地外の乙地で買換え。
② M社は甲地を買取り分譲マンションとして売却。
③ M社は，一部所有権を保留し，スポーツクラブをつくり，他社へ運営を委託。

〈税務スキーム〉　① A社は買換えの圧縮記帳。
　　　　　　　　② A社は法人税の申告を行う。

### 相続対策と税務診断

(1) A社は先代からの町工場であり，その運営と相続について悩んでいた。

(2) そこで，M社とともに甲地を再開発し，一部売却して乙地を買い換え，工場は移転した。

(3) 甲地は，M社が開発分譲し権利調整によって一部A社も取得し，将来相続人の住居も確保した。

(4) 工場経営は，相続人が承継するよう，事前に相続時精算課税制度の適用によって，長男に贈与した。この際，将来の相続分割と納税資金の確保を念頭に行うべきである。

## 6　借地権の一部売却

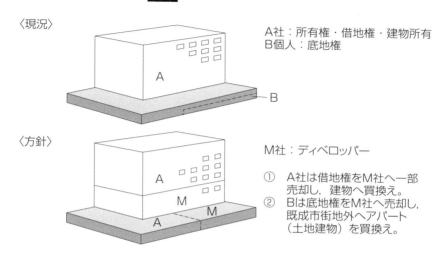

〈現況〉
A社：所有権・借地権・建物所有
B個人：底地権

〈方針〉
M社：ディベロッパー
① A社は借地権をM社へ一部売却し，建物へ買換え。
② Bは底地権をM社へ売却し，既成市街地外へアパート（土地建物）を買換え。

〈税務スキーム〉　① A社は，減価償却資産の買換えの圧縮記帳適用。
② Bは，事業用資産の買換えを適用。

### 相続対策と税務診断

(1) B個人の同族法人であるA社は，賃貸建物が老朽化し，将来の承継に不安をもっていた。
(2) M社とともにこれを再開発することとした。
(3) より高層化し，建物のグレードをアップし，高収益を目指した。
(4) 相続人は，すでにA社の株主となっており，相続税の中・長期的な運営の可能性を厳しく判断して，このプロジェクトを進めなければならない。

## 7　高路線価土地の活用(1)

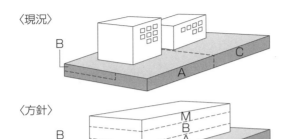

〈税務スキーム〉
① A：同一敷地上の買換え。
② B：同上。
③ M：Cを買い取り共同ビル。
　　　BをB社の同族株主から株式を買取り。
④ C：事業用資産の買換えを適用。

### 相続対策と税務診断

(1) A個人は将来の相続税納付の困難性を危惧していた。

(2) そこで，これを再開発し，原資を捻出するために一部を売却することとした。

(3) 高路線価土地のため全体の採算を合せて相続税納付を目指すことは困難と考えられ，固定資産を一部流動化，すなわち現金化することとした。

(4) 相続発生時には，個人不動産とA社の持分については，事前の贈与と相続税の好運営採算によって遺産分割する方針を検討し，相続人にも周知させておくことが望ましい。

## 8 高路線価土地の活用(2)

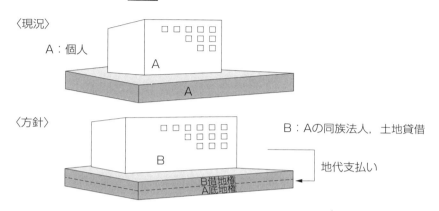

〈税務スキーム〉　① B社はAに相当の地代を支払う。
　　　　　　　　② 「無償返還の届出」を税務署へ提出する。
　　　　　　　　③ 借地権分の評価減となる。

### 相続対策と税務診断

(1) A個人は，将来の相続を心配していた。

(2) そこで，建て替えを計画し，A土地上に将来の相続人，すなわち承継者を考慮して，B法人を設立して運営することとなった。

(3) B社建物は，将来一部売却できるような設計とした。すなわち，資金繰り悪化の際には売却をすることとした。

(4) 以後，会社設立時の株主と将来相続人間に争いが生じた。そこで，Aに相続人対象者に株の分散をするために，配偶者や既存株主の持分を贈与，あるいは譲渡した。これらのことはできれば，相続人の相続が調整可能なように進行しておかなければならない。

## 9 とび地の活用

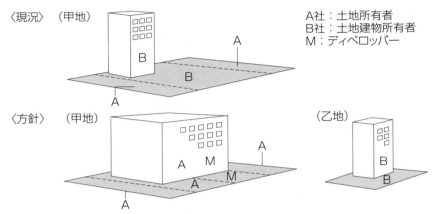

① B社はA社の乙地と交換する。
② B社は土地の一部をM社へ売却して乙地上に建物を建て替える。

〈税務スキーム〉　① A社・B社は交換の特例を適用する。
② B社は減価償却資産の買換えの圧縮記帳を行う。

### 相続対策と税務診断

(1) A社の相続人は、とび地のため活用に困っており、B社も間にはさまれ活用に不便を感じていた。

(2) そこで、A社所有の別の土地とB社の土地を交換して、甲地を一体化することにより開発し、B社も乙土地上で建て替を行った。

(3) 被相続人は、将来の相続争いを回避するために株式も一族に分散し、贈与した。

(4) A社相続人は、株式の承継によって分割したが、今後の代表者の経営をスムーズにさせるために51％を保有することで相続人間の合意を得られるように被相続人と相続人のコミュニケーションが大事である。

Chapter4 プロジェクト・ケース別 不動産活用による相続税対策と税務診断 ◆ 143

## 10 高額路線価の底地権の活用

〈現況〉

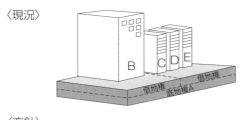

A：底地権者である法人……
　　資金繰り悪化
B：借地権者であったが, Aがす
　　でに高額（借入金）で買取り
C・D・E：借地権者

〈方針〉

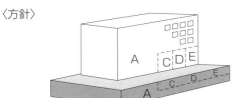

① A・C・D・Eでビルを建設。
② C・D・Eは, 区分所有建物
　を取得する。
③ C・D・Eは, 建物所有に応
　じた借地権（以前の）面積
　を有する（資金不足分は,
　借地権をA社に売却する）。

〈税務スキーム〉　① 借地権者と底地権者との間に以前の賃貸借関係が存続する。
　　　　　　　　② 借地権の一部売却代は, 事業用資産の買換えの特例を適用
　　　　　　　　　する。

### 相続対策と税務診断

(1) A社は昔からの地主であり, 土地は賃貸したまま固定化されており, B社の借地権と建物を高額で買収していた。

(2) 他の借地権者とともに共同で一棟の建物を建て替え活用することとした。

(3) A社自体もこのままでは借入金の返済が困難であり, キーテナントをみつけてこれを核とした高層ビルを建設し, 高収益を目指した。

(4) A社の相続人予定者は, 被相続人と早期から将来の承継と相続税原資の捻出を計画しておくことが必要である。

## 11 駅前不動産の活用

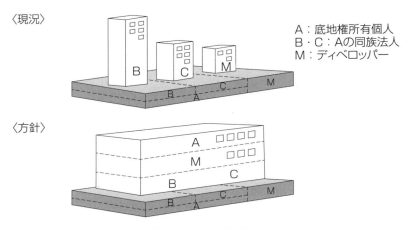

〈現況〉
A：底地権所有個人
B・C：Aの同族法人
M：ディベロッパー

〈方針〉

〈税務スキーム〉
① 共同ビルをABCMで共有。
② B・CはAに対して継続して相当の地代を支払う。
③ A・B・C・Mは相互に地代支払を相殺する。

### 相続対策と税務診断

(1) 昔からの地主であるA個人は，B・Cの法人を設立し不動産活用していた。将来の相続を考えてB・Cの法人を相続人ごとに設立していた。

(2) 近隣の開発も進み，M社が隣地を購入していたので，共同で一体化した大規模建物を建築した。

(3) この結果収益性はかなりの向上となった。

(4) もともと，A・B・Cの持分権利を尊重して分有としたが，被相続人は将来の相続人間の関係をよく理解して分有か共有かを検討しなければならない。

## 12 単独活用をめざす相続対策

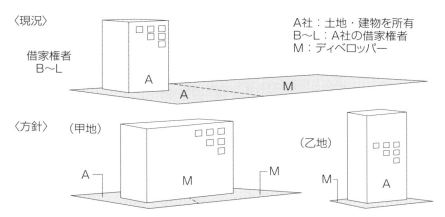

① M社は甲地においてA社より土地を貸借。
　……相当の地代支払い（無償返還の届出）
② A社は乙地においてM社より土地を貸借へ。
　……同上
③ 借家権者B〜Lは借家権譲渡（立退料）をし，一時所得による2分の1課税。

〈税務スキーム〉　① A社・M社の相互借地は相当の地代を支払い，権利金の認定はない。
　　　　　　　　② 借家権者は，各々過去からの借家権名義で一時所得の確定申告。

### 相続対策と税務診断

(1) より活用幅を広げるために借家権者には借地権の買戻しを要請し，借家権の譲渡すなわち立退を実施した。この上で隣地を取得していたM社と共同開発することとした。

(2) しかし，M社はより大規模化の活用をめざしていたため，甲地建物はM社の所有で，乙地においてA社は建物の建て替えを行うこととした。

(3) A社の資金繰り採算向上のためであり，A社の甲地が相当の地代を収受することとした。

(4) A社ビルは単独所有となり，A社の相続人は将来の活用のやりやすさが得られるように使用方法も含めて検討すべきである。

## 13 再開発がらみの土地の活用

〈現況〉　　　　　　　　　　　　　　　A：土地・建物所有の個人

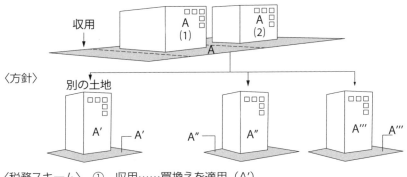

〈税務スキーム〉　① 収用……買換えを適用（A'）。
　　　　　　　　② 交換……ディベロッパーMと交換の特例を適用（A"）
　　　　　　　　③ 買換え…既成市街地等外への買換えを適用（A'''）

### 相続対策と税務診断

(1) A土地の中に収用が予定される土地があり活用を考えなければならなくなった。

(2) 収用地は，買換え特例を適用して，A'土地建物を取得した。

(3) 残地の2つの土地・建物のうち，A(1)はA"に交換後取得，A'''は買換えを適用して行った。

(4) 相続人間は，各々の土地・建物を相続可能となり，物件ごとの相続所有を行うことができるように建物仕様も近隣環境の状況も分析しておくことが必要である。

## 14　公有地に囲まれた土地の活用

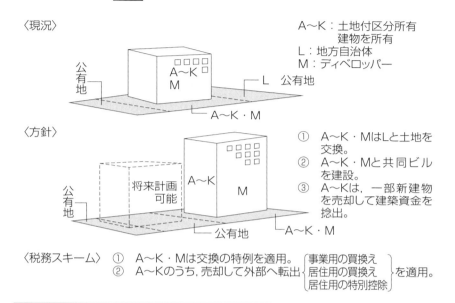

〈現況〉

A〜K：土地付区分所有建物を所有
L：地方自治体
M：ディベロッパー

〈方針〉

① A〜K・MはLと土地を交換。
② A〜K・Mと共同ビルを建設。
③ A〜Kは，一部新建物を売却して建築資金を捻出。

〈税務スキーム〉
① A〜K・Mは交換の特例を適用。
② A〜Kのうち，売却して外部へ転出 ｛事業用の買換え／居住用の買換え／居住用の特別控除｝を適用。

### 相続対策と税務診断

(1) 隣地の公有地が開発される計画が生じたため，A〜Kの所有者の開発方針が将来の相続方針とともに，検討された。

(2) 右側にA〜Kと一部建物を取得していたMとともに新建物を建設する。

(3) 公有地は左側に進められて将来の計画が可能となった。

(4) A〜Kの所有権者は，一部は買換え特例を利用して移転，一部は外部へ転出した。

(5) A〜Kは，相続人間の調整によって買換えで取得したもの，増床したもの，転出したものと遺産の分割が行われた。今後は，これらが適切に採算ベースで運営されるような将来計画を検討すべきである。

## 15 所有権，借地権，底地権の活用

〈現況〉

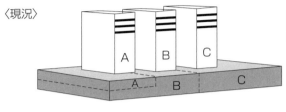

A：借地権者個人
B：所有権・底地権者個人
C：所有権者個人

〈方針〉

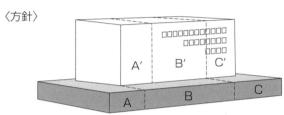

A′・B′・C′：A・B・Cの同族会社

① AとBで借地権と底地権の交換
② A′・B′・C′の同族会社を設立し共同ビル。

〈税務スキーム〉　① AとBは交換の特例を適用。
　　　　　　　　② A′・B′・C′はそれぞれA・B・Cへ相当の地代を支払い。

### 相続対策と税務診断

(1) A・B・Cは地主の一族であり，土地を先々代の相続時に相続しており，各々はすでに独立して経営していた。

(2) それぞれの建物も老朽化が激しく，今後の相続について危惧していた。

(3) そこで，共同ビルに建て替えるが，それぞれの持分については，今後の相続を考えて，それぞれ法人A′・B′・C′を設立することとした。

(4) Aは当初借地権があったが，同じ条件とするために，Bの底地と交換した。

(5) 今後はキーテナントを確保し，家賃収入により建築費の借入金は順調に返済できる将来計画を弾力的にたてておかなければならない。

## 16 土地・建物の組み替え

〈現況〉

A：土地・建物を所有（事業用）
M：ディベロッパー

美容院自営
従業員寮

〈方針〉

〈税務スキーム〉　① AとMで共同ビルを建設して共有とする。
② 一部土地のうち，未使用となる部分をM所有のA′と交換して，取得する。
交換差金（20％以内）は買換えの特例を適用する。

### 相続対策と税務診断

(1) 近隣の開発が進んできたのと，今後の事案の承継と展開に向けてM社と再開発することとした。
(2) 新建物上に事業用の建物を建築し，これを未使用の部分についてはA′の土地と交換して建物を建設し，自宅とマンションとする。
(3) 将来の相続に向けて，土地・建物を分散して所有し，相続発生時に相続人が所有する土地・建物を分有できるようにした。
(4) 将来の相続や承継対策から資産の組み替えをしておくことにより，遺産分割を可能とさせることが望ましい。

## 17 駅前の個人所有の土地

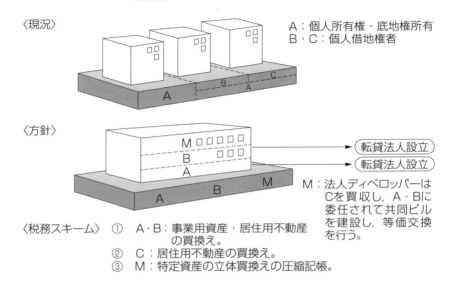

〈現況〉
A：個人所有権・底地権所有
B・C：個人借地権者

〈方針〉
転貸法人設立
転貸法人設立
M：法人ディベロッパーはCを買収し，A・Bに委任されて共同ビルを建設し，等価交換を行う。

〈税務スキーム〉
① A・B：事業用資産・居住用不動産の買換え。
② C：居住用不動産の買換え。
③ M：特定資産の立体買換えの圧縮記帳。

### 相続対策と税務診断

(1) 昔からの地主であるが，将来の相続の対策もあるので，借地権者と交渉していたが，ほとんど進展していなかった。

(2) しかし，老朽化も激しく，ディベロッパーとともに借地権者に交渉し，共同建物を建設することとした。

(3) 権利調整のための現在評価および将来評価も想定して行った。

(4) 相続人が会社員であるため，常時，管理が困難であるためと，将来の相続税原資を蓄積するために転貸法人を設立した。これはA・Bとも同様であるが，将来計画とリスクを識別しておくべきである。

## 18 個人経営事業の承継

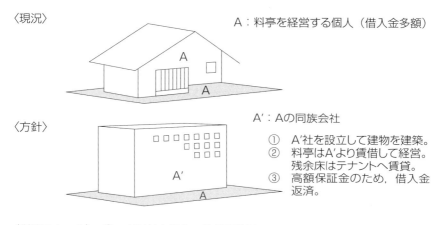

〈現況〉　　A：料亭を経営する個人（借入金多額）

〈方針〉　　A′：Aの同族会社
① A′社を設立して建物を建築。
② 料亭はA′より賃借して経営。残余床はテナントへ賃貸。
③ 高額保証金のため，借入金返済。

〈税務スキーム〉　① A′社はA個人へ地代支払い。
② A料亭はA′社より通常家賃で賃借。

### 相続対策と税務診断

(1) 料亭を先代から経営していたが，料亭の継承と相続人間の分割調整のために土地を活用することとした。

(2) 不動産所有，賃貸会社A′を設立し，キーテナントにより賃借料を確保した。

(3) 料亭もA′より賃借し，今後はAの個人の経営として存続する予定である。

(4) この料亭をA′会社に入れることも考えられたが，将来の料亭継承と不動産相続を切り離すことの選択をできれば将来計画によって方針は判断しておくべきである。

## 19 個人借地権者の活用

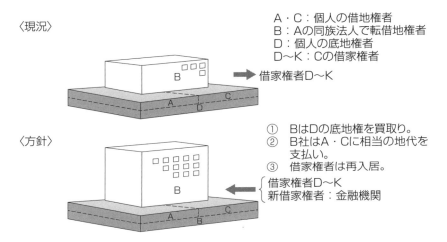

〈現況〉
A・C：個人の借地権者
B：Aの同族法人で転借地権者
D：個人の底地権者
D〜K：Cの借家権者

借家権者D〜K

〈方針〉
① BはDの底地権を買取り。
② B社はA・Cに相当の地代を支払い。
③ 借家権者は再入居。

借家権者D〜K
新借家権者：金融機関

〈税務スキーム〉 ① B社とA・C間に借地権・地代の処理。

---

### 相続対策と税務診断

(1) Bの建物の老朽化と将来の相続を考えて，土地の一体化と新建物の建設を進めた。
(2) BはDより，底地権を借入金により買い取った。
(3) 新借家権者が金融機関であったため，経営採算は向上した。
(4) これにより，相続財産を譲渡し，複数の相続人の相続による遺産分割が可能となるのであるから，タイミングをみて意思決定しなければならないことも念頭においておくべきである。

## 20　医院・自宅を賃貸建物に

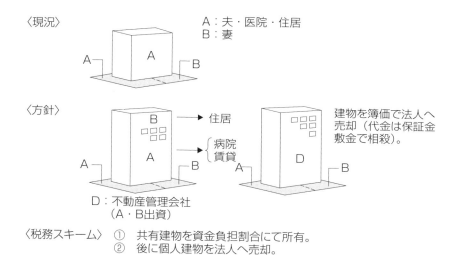

〈現況〉　A：夫・医院・住居
　　　　B：妻

〈方針〉　建物を簿価で法人へ売却（代金は保証金敷金で相殺）。
　　　　D：不動産管理会社（A・B出資）

〈税務スキーム〉　① 共有建物を資金負担割合にて所有。
　　　　　　　　② 後に個人建物を法人へ売却。

### 相続対策と税務診断

(1) 医院を経営しているAと配偶者のBが土地を所有しており，ここに相続対策のために大型建物を建築することとした。

(2) 当初，A・Bの共有で建物を建設することとなり，管理はDの管理会社により行われた。

(3) 個人経営が難しくなり，建物を簿価で法人へ譲渡し，D社が管理会社から所有会社へ移行した。

(4) これにより，将来の相続原資を蓄積するために相続人がD社で経営することが可能となるであろう。

(5) また株式の持ち分により相続財産の遺産分割を進めることとしたものであり事前の譲渡や贈与を含めて方針を検討すべきである。

## 21 個人が不動産会社を設立する方法

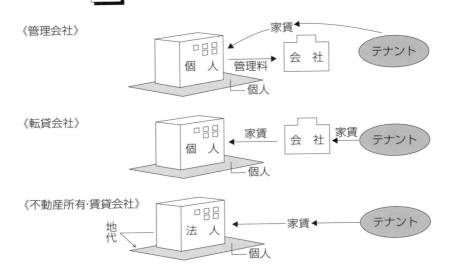

### 相続対策と税務診断

(1) 個人が将来の遺産分割，相続税対策，所得税対策等から，法人を設立して活用する場合がある。

(2) 不動産の管理会社は，不動産の所有は個人で行い，管理（清掃，家賃，会計等）を行う場合のみである。したがって，相続では遺産分割の対象であり，所得の一部の分散である。

(3) 不動産の転貸会社は，個人所有の不動産をいったん会社へ賃貸し，会社がテナントへ賃貸する，いわゆるサブリースの会社である。相続で(2)と同様のメリットである。

(4) 不動産を個人所有とせず，会社で建築するか，個人から購入することによって会社所有として会社自体が賃貸する。賃貸収入はすでに会社であり，相続では，会社の株式の持分となるので，将来の遺産分割を計画して，相続人予定者に株式をもたせることになる。

(5) 個人の不動産会社は，それぞれの方式で税務上の長所・短所があり，また，相続税・贈与税・所得税・法人税が相互に関連するので専門家の知恵も借りて慎重に自ら検討すべきである。

## 22 不動産の小口証券化

《単純小口化所有（区分・共有）方式》

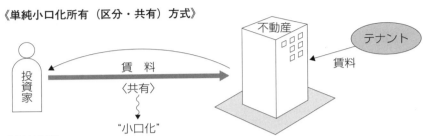

〈法的形態〉
　○共有形式
　○分有形式
　○実質的に所有しているものと同様である。

〈税務的形態〉
　○共有・分有を問わず所有しているのであり課税関係は，直接的に生ずる。
　○所得税・相続税・贈与税・法人税等一般の不動産税務の課税パターンである。

〈長所〉
　○当該物件に対して個別的直接的に所有していることになる。

〈短所〉
　○以後の単純開発処分等が困難なこともある。
　○状況によっては，担保価値がない場合がある。

### 相続対策と税務診断

(1) 小口証券化は相続財産としては，不動産を所有している場合と同様であり，この不動産が高層ビルや住居マンション等，用途，場所によって評価が異なる。

(2) 購入する場合には，相続税計算への影響と，誰に相続をさせるかによって選択することとなる。

(3) 相続人が自分で住む，投資物件として賃貸する，あるいは，必要な時に即売却可能かによって判断する。

(4) 小口証券化のスキームに多様な方式があり税務の長所・短所を慎重に判断して進めなければならない。

## 《信託併用方式》

〈法的形態〉
　○信託財産の所有である。
　○登記上は信託B/K所有であるが，実質的には共有的に所有している。

〈税務的形態〉
　○信託財産の所有は，当該財産を個別的に所有しているのと税効果は同様である。
　○所得税・相続税・贈与税・法人税等通常の不動産税務の課税パターンである。

〈長所〉
　○信託財産であるから不動産経営の管理運営が委託され煩わしさが減少する。

〈短所〉
　○信託会社，B/K等において管理運営されるが，空室保証等のリスク保証が通常はないので一般の直接所有とは変わらない。

## 相続対策と税務診断

(1) 単純小口化所有のケースと税務上は同様である。

(2) 異なるのは，信託銀行や信託会社に信託していることであり，相続においても，単純小口化所有のケースと同様である。

(3) 実行の判断の1つは，信託会社等の信用性や運営能力を慎重に判定しなければならない。

(4) もう1つの判断は，相続人がこの運用を自ら可能かどうかも慎重に判断しておかなければならない。

《任意・匿名組合設立方式》

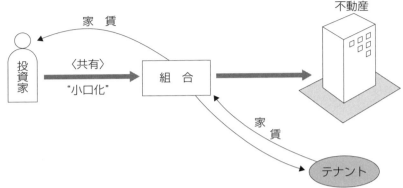

〈法的形態〉
　○組合方式には，任意組合，匿名組合方式とがあるが，一般に小口不動産の場合は任意組合方式で行われている。
　○組合の所有ではなく，個々人・企業の直接所有と同じである。

〈税務形態〉
　○組合自体には税務申告主体がないので，個々人・企業の受取家賃収入・受取配当等の申告形態となる。

〈長所〉
　○小口不動産化の不特定多数所有の場合には，募集がしやすい。

〈短所〉
　○個々に直接所有する場合に比して処分等がしにくい。

## 相続対策と税務診断

(1) 単純小口化所有のケースと同様である。

(2) 信託併用方式のケースと同様である。

(3) したがって，これらを進めるにあたっては，どのスキームがベターかを，採算，将来の運営状況・担当する運営会社の信用性・能力を慎重に判定すべきである。

(4) それ故，これらを含めて以上の各スキームの選択を判定する時はできるだけ中立性を保持しているものにアドバイスを求めるべきである。

Chapter 5

ケースが示す
相続物語と税務診断

## 1　共同ビルの相続

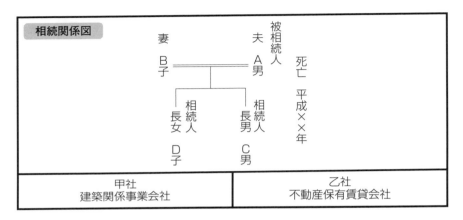

〔相続財産・相続税の概要〕

（単位：千円）

| 相続財産等 | 評価額 | Ｂ子 | Ｃ男 | Ｄ子 |
|---|---|---|---|---|
| 土地 | | | | |
| 建物 | | | | |
| 有価証券 | | | | |
| 現預金 | | | （省　略） | |
| その他 | | | | |
| 資産総合計 | | | | |
| 債務合計 | | | | |
| 葬式費用合計 | | | | |
| 純資産価額 | 224,000 | 30,000 | 154,000 | 40,000 |
| 相続税 | 20,000 | 0 | 17,000 | 3,000 |

### 遺産分割の経緯

　長男Ｃ男が中心になって分割協議を進めました。妻Ｂ子は不動産のうち自宅と有価証券を相続しました。長男は自宅以外の不動産全て金融資産の２分の１を相続しました。長女Ｄ子は金融資産を２分の１を相続しました。

### 相続対策と税務診断

(1) 被相続人A男は，先代からの甲社を中途から引き継ぎ経営を行っており，実弟を会社に入れ仲良く経営していました。A男が体調悪化とともに引退し，入社させてあった長男C男に代表権を譲り，経営を委せました。実弟とは良好な関係が保持できていました。

(2) 先代から所有する駅前の土地を活用して，40年前に隣地の地権者とともに共同ビルを建築しました。その際，隣地地権者を含め4者で共同の不動産保有管理会社乙社を設立し運営してきました。2人の事業は別々であり，4者の1人は実弟であり，甲社の共同経営者です。土地・建物を一体管理するために4者が土地所有面積により株主持分，地代・報酬配分等を行い公平経営を行っており，波風は立っていません。その後，それぞれ相続が発生し，相続人が承継していますが，当初の約束どおり，月1～2回の定例の役員会を開いて経営は無難な体制になっています。

(3) **(診断)** 関係者が相手の関心に注意を払い相互のことを考えて経営に参画したため良好な運営ができています。

## 2 非同族法人の株主の相続

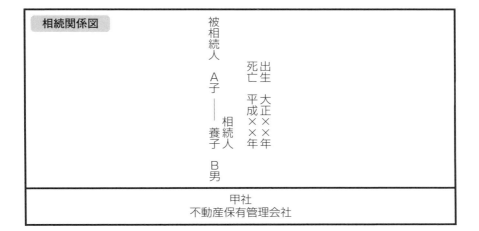

### 遺産分割の経緯

〔相続財産・相続税の概要〕

(単位：円)

| 相続財産等 | 評価額 |
|---|---|
| 土地 | （省略） |
| 建物 | |
| 有価証券 | |
| 現預金 | |
| その他 | |
| 資産総合計 | 130,000 |
| 債務合計 | |
| 葬式費用合計 | |
| 純資産価額 | 125,000 |
| 相続税額 | 12,000,000 |

## 相続対策と税務診断

（1） 被相続人A子は，先代が所有していた土地に，40年前に隣地地権者10人とともに建物を建築し賃貸していました。株式保有である当時から隣地地権者で設立されていた甲社が土地・建物を保有し，管理・賃貸をしていました。A子は，甲社社長を務めていました。

（2） 被相続人A子には，妹がおり，会社で勤務をしていましたが，先に死亡しています。A子には，配偶者や子供がおらず，妹の子供B男を養子にしています。

（3） 被相続人A子は，体調を崩した時点より，自身が勤務していた甲社からの給与より自身の毎月生活費としてB男に現金を手渡しました。相続人はこれを，相続人の銀行口座に預入れ，そこから被相続人の生活費を支出していました。相続税申告では，相続人の銀行口座への入金額合計から被相続人の生活費として費消額合計を差し引いた金額を預け金として相続財産に加算しています。A子とB男は同居しており，B男は別の会社に勤務し

ていました。関係は良好でした。
(4) 甲社はA子が筆頭株主であり，死亡後，B男が相続し，社長に就任しており，2・3位の株主が役員を構成して，経営は良好に運営されており，株主には毎年決算時に配当しています。
(5) 近年は不動産市況の変化と株主の相続が進み，株主も10数人となったことから，一括売却の話も出はじめています。
(6) **(診断)** 非同族会社が土地・建物をもっており，その経営採算の見通しと将来の建て替え資金の調達が売却の判断に影響する相続のケースです。

## 3 農業相続人の相続

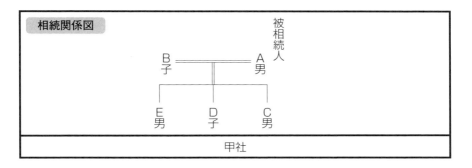

〔相続財産・相続税の概要〕

(単位：千円)

| 相続財産等 | 評価額 | B子 | C男 | D子 | E男 |
|---|---|---|---|---|---|
| 財産合計 | 1,400,000 | | | | |
| 債務合計 | 30,000 | | | | |
| 葬式費用合計 | 10,000 | | | | |
| 課税価額 | 1,360,000 | | | | |
| 相続税額 | 210,000 | 2,000 | 180,000 | 12,000 | 16,000 |

遺産分割の経緯

B子（妻）とC男（長男）で分割が進められました。家業を継ぐ長男が多く

の財産を相続し，割合は妻が全体の約51％，長男が42％，長女が3％，二男が4％でした。特に争いはありませんでした。

### 相続対策と税務診断

(1) 当家は，代々農家を営んでおり，妻を農業相続人として農地の納税猶予を申請しています。農業を行いながら，近郊農地の特性を生かしてアパート・マンション経営を行うため不動産管理会社甲社を設立し運営していました。一家は良好な家族関係を構成しており，相続は平穏に行われました。D子，E男に生前から贈与が行われており，争いはありませんでした。しかし2次相続をして農地以外の財産についての分割が課題となるかもしれません。

(2) **(診断)** 家族関係が平穏であるのは，農業をC男一家が一生懸命，持続させようとしていることに理解しているためです。農業相続人を想定して農業を営み，駅近くの土地を活用して相続税原資を捻出しています。

## 4 近郊農業地の活用と相続

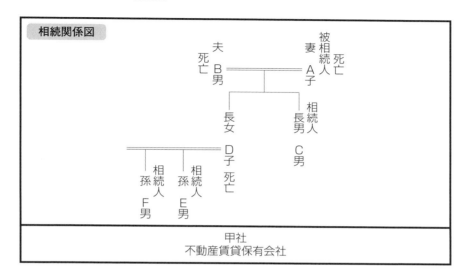

〔相続財産・相続税の概要〕

(単位：千円)

| 相続財産等 | 評価額 | C男 | E男 | F男 |
|---|---|---|---|---|
| 相続税額 | 420,000 | 410,000 | 5,000 | 5,000 |

### 遺産分割の経緯

C男（長男）がほとんど全ての遺産を相続し，代襲相続人E男，F男の2人には手取り額1,000万円ずつ相続するように分割しました。特に争いはありませんでした。

### 相続対策と税務診断

(1) 代々農家を営んでいたが，先代没後は農業は行っていません。そのため，

土地を活用して不動産の賃貸・管理を行う甲社を設立して運営していました。会社の株主はC男が，被相続人から承継し大株主となっています。

(2) 家族関係では，生前に贈与を行っていました。被相続人は相続開始前に長男の子（孫）に住宅取得資金の贈与をしていますが，当該受贈者は相続人ではないため加算していません。

(3) **(診断)** 不動産事業の承継と，その他の財産の相続人の分割をスムーズに行ったケースです。相続がスムーズに進んだのは，長男C男が甲社の経営に非常な努力をしていることが理解されているものと思われます。

## 5 事業経営者の承継と株式の相続

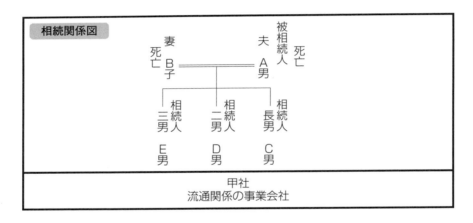

〔相続財産・相続税の概要〕

（単位：千円）

| 相続財産等 | 評価額 | C男 | D男 | E男 |
|---|---|---|---|---|
| 純資産価額 | 180,000 | 60,000 | 60,000 | 60,000 |
| 相続税額 | 18,000 | 6,000 | 6,000 | 6,000 |

## 資産分割の経緯

　C男（長男）とD男（二男）により分割協議を行いました。E男（三男）は被相続人の生前から連絡が取れませんでした。長男がE男の実印，印鑑証明書を預かることができたので，これらを使い分割協議書等に捺印しました。原則として全ての財産を3分の1に分けました。特に争いはありませんでした。

## 相続対策と税務診断

(1) 被相続人（A男）と相続人は同居していた者はおらず，母親は先に死亡しており，病気を患っていたA男には介護者が付いていました。そのため，生活状況や財産の状況が当初把握できませんでしたが，C男とD男が協力して調査して判明しました。

(2) 病弱のためE男とはほとんど連絡が取れず，C男が主導して相続手続きを進めました。

(3) **（診断）** 事業経営者が後継の経営者を指名していましたが，会社自体の株式を含めて3等分とした安定性を求めたものです。先代のA男が築いた事業会社をC男が生前から承継し，良好に会社経営し，ノーハウを蓄積していたため相続の方向性が了解されたものです。

## 6　不動産賃貸会社の娘への相続

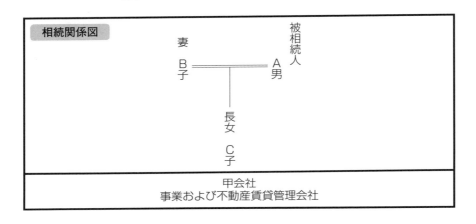

相続関係図

被相続人 A男 ── 妻 B子
　　　　　　│
　　　　　長女 C子

甲会社
事業および不動産賃貸管理会社

### 遺産分割の経緯

B子（配偶者）が主体的に分割を決めました。おおむね配偶者が16,000万円，残額を長女（C子）が相続するように分割しました。争いは特にありませんでした。

〔相続財産等の概要〕

（単位：千円）

| 相続財産等 | 評価額 | B子 | C子 |
| --- | --- | --- | --- |
| 純資産価額 | 210,000 | 160,000 | 50,000 |

### 相続対策と税務診断

(1) 被相続人は個人で工芸品の製作・販売を手がけており，個人申告をしていました。本人が購入して，住居および事業所として建物を建設しました。これについては小規模宅地の特例を適用しました。

(2) 別の土地があり，これについては，法人（甲社）を設立して土地を賃借し，同借地上に法人が建物を建築し賃貸しました。そのための借地権部分

は甲社の株価計算に加味され、土地は借地権割合を控除して評価されました。
(3) 甲社法人は被相続人が代表者であり、個人事業を法人が引き継ぎ続行し、不動産の賃貸管理を長きにわたって行っており、退職慰労金を支給しました。これらの金銭によって相続税を納付しました。
(4) **(診断)** 不動産賃貸法人の経営を配偶者・娘へ承継させるための、むしろ経営の相続でした。A男の亡くなった養父母がおり、その親族が相続に関与することが考えられましたが、長女C子へ相続するためのB子の根回しが功を奏したのです。

## 7 相続人がいなかった相続

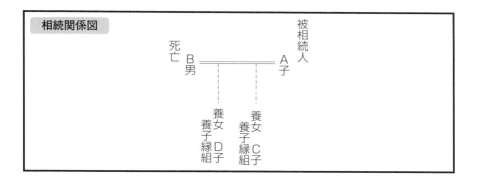

### 遺産分割の経緯

C子が主体的に分割を決めました。土地をC子が相続し、それ以外全てをD子が相続しました。C子は土地を相続したので、借入金の一部を承継しました。争いは特にありませんでした。

〔相続財産・相続税の概要〕

（単位：千円）

| 相続財産等 | 評価額 | C子 | D子 |
|---|---|---|---|
| 純資産価額 | 10,000 | 0 | 10,000 |
| 相続税額 | 0 | 0 | 0 |

### 相続対策と税務診断

(1) 被相続人A子には子供がなかったが、A子の亡夫が生前若い時から知り合いの夫婦の面倒をみており、C子とD子を養子にしていました。A子の姪が一時世話をしており、姪が養子になる画策があったようですが、C子とD子が養子となりました。
　　課税価格が、基礎控除を下回るため、税額は生じませんでした。

(2) A子の亡夫を生前より面倒をみていたこと、亡夫の生前の財産を知り合いの夫婦が管理しており、その間に管理運営上の取り決めをして両者納得の上で管理・蓄積していたことが相続分割のスムーズなプロセスとなりました。

(3) **(診断)** 相続人がいない場合の相続の進め方です。相続人がいない場合、何らかの縁者が相続人になる可能性が高いのですから、生前のある段階から検討しておく必要があります。

## 8　不動産過重債務の相続

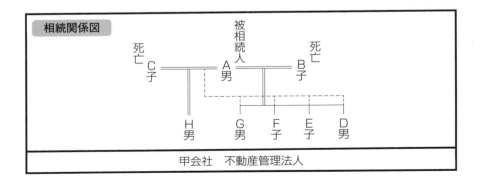

## 遺産分割の経緯

相続人間で何度も話し合いが行われ，D男とG男は負債（ローン）を承継するため，返済ができるよう分割しました。

〔相続財産・相続税の概要〕

（単位：百万円）

| 相続財産等 | 評価額 | D男 | E子 | F子 | G男 | H男 |
|---|---|---|---|---|---|---|
| 純資産価額 | 310 | 60 | 80 | 80 | 50 | 40 |
| 相続税額 | 35 | 7 | 9 | 9 | 6 | 4 |

① 不動産——マンション1室ずつをD男とG男がそれぞれ相続。
  自宅・賃貸用建物は各階区分登記されており，それぞれの希望割合で相続。
② 株式（甲社）——株式については，各相続人がそれぞれ相続。
③ 現預金——現預金については，各相続人がそれぞれ相続。
④ 貸付金——相続開始前にD男が被相続人の銀行口座より××万円を引き出し，費消していたため，これを貸付金として相続財産に加えました。これはD男が相続。
⑤ 葬式費用は各相続人が均等に負担。
⑥ 負債——マンション2室の借入金はそれぞれのマンションを相続したD男とG男が承継。その他の債務は各相続人が均等に承継しました。
⑦ その他——甲社には被相続人に対する未払金と被相続人に預託した保証金が計上されています。これらを相続財産および債務に計上。また，各相続人が均等に相続し，承継しました。

## 相続対策と税務診断

(1) 被相続人一代で不動産を順次購入しましたが，バブルの崩壊とともに，借入金が残りました。その大きな要因は，D男とG男のための住居としてのマンションの購入とその返済原資を贈与していたものです。返済に苦しんでいましたが，不動産の売却をせずしのいでいました。被相続人が高齢となり，D男が家に入り支援していました。

(2) 相続が発生しましたが，D男，E子，F子，G男，H男の相続分割に対する意見が分かれました。E子とF子は，生前に贈与がなかったため公平を期すために増額されて分割されたものです。

(3) その後，マンションとローンを承継しましたが，ローンの返済が困難となり売却しました。また，甲社保有の不動産も現金化する要望が強くなり，売却したものです。

(4) **(診断)** 不動産ローンの返済困難な状況を不動産を売却してローンも消滅した相続のプロセスです。ただ建物建設時，マンション購入時に賃貸収入を含め採算計算を厳密にし，返済・売却のスキームをタイミングを含めて検討すべきです。

## 9 農業相続人と近郊農地の値上がり

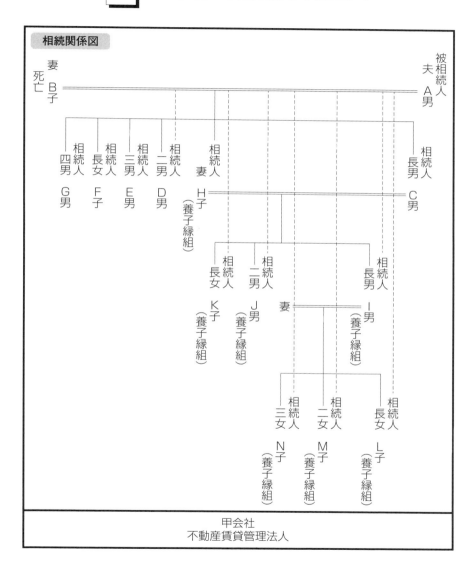

相続関係図

甲会社
不動産賃貸管理法人

〔相続財産・相続税の概要〕

(単位:千円)

| 相続財産等 | 評価額 | C男 | D男 | E男 | F子 | G男 | H子 | I男 | J男 | K子 | L子 | M子 | N子 |
|---|---|---|---|---|---|---|---|---|---|---|---|---|---|
| 純資産価額 | 3,620 | 1,180 | 100 | 270 | 5 | 250 | 6 | 1,800 | 3 | 3 | 1 | 1 | 1 |
| 相続税額 | 1,204 | 190 | 6 | 100 | 1 | 100 | 2 | 800 | 1 | 1 | 1 | 1 | 1 |

## 遺産分割の経緯

　被相続人は公正証書遺言書を作成していました。内容は，家業を継ぐ長男と養子に資産の大半を相続させるというものでした。これに対し，二男，三男，四男が遺留分を主張したので，農業用資産（農地）は長男C男が相続し，賃貸用不動産は長男の長男I男（養子）が相続することを基礎に分割協議が行われました。なかなか話がまとまりませんでしたが，二男，三男，四男に，手取りでそれぞれ1億円を支払うことで決着しました。他の相続人は1人100万円〜500万円の代償金が支払われました。これは被相続人には実子5人と養子6人の11人の相続人がいたためこうなったのでした。このことは，当初より兄弟間で相続争いが生ずる可能性があったため，農業相続をI男一家にまかせていたので被相続人は養子縁組をし，そして遺言を作成しました。しかし，実子のうち3人が相続人の多さと遺産の分割方法に憤慨し，遺留分を請求したのでした。

## 相続対策と税務診断

(1) 当家は代々農家であり，長男が，そしてその長男が農業を引き継いでいます。田，畑について農地の納税猶予を申請しています。

(2) 農地が大半であったが近郊農家であったため，土地活用のできるところでは，マンションやアパートを建てて，固定資産税資金，将来の相続資金および相続分割のための資金を蓄積していました。

(3) しかし，相続人の中には農業を引き継がないものの農家相続を希望しているため，一部相続財産を譲渡して，相続用財産，相続税額，譲渡所得税を捻出しました。

(4) 農業はL子に，承継されることになり，当家の代々農業は継続するこ

とになっています。

(5) **(診断)** 農業相続人が相続する予定でしたが，近郊農地の値上がりにより他の相続人がクレームをおこした事例です。したがって，生前より分割を見据えて養子縁組，生前贈与や遺言書や死因贈与契約を結ぶことが必要となります。

## 10 生前贈与の不満と相続

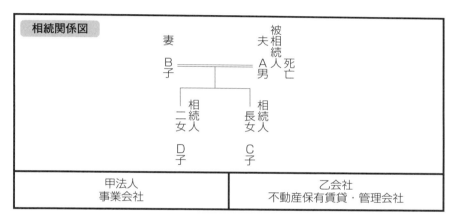

〔相続財産・相続税の概要〕

(単位：千円)

| 相続財産等 | 評価額 | B子 | C子 | D子 |
|---|---|---|---|---|
| 課税遺産総額 | 280,000 | 160,000 | 60,000 | 60,000 |
| 相続税額 | 18,000 | 0 | 9,000 | 9,000 |

### 遺産分割の経緯

分割協議の過程でC子とD子の不仲が表面化しました。それは被相続人が数十年前にC子にだけ土地の贈与をしていたことに原因があるようでした。相続発生時，D子はC子名義の家屋に居住していました。これは，被相続人の希望であり，相続発生後，C子がD子に対し家屋の明け渡しを求めたことから対立的な感情となりました。

## 相続対策と税務診断

(1) 相続発生時に居宅に保管されていた多額の現金が発見されましたが，これらは銀行から被相続人が引出し，自宅に保管していたものと思われます。大半は帯封の付いたままの状態で，厳重に保管されていました。

　これについては，銀行のペイオフが発足して以来，1,000万円単位で銀行口座を分割して預金し，それ以外は自宅や貸金庫に現金を保管していました。

(2) 甲会社は事業会社でしたが，商売の主要な部分は従業員に譲渡して，D子が引き継ぎました。乙会社は，第三者と共同所有ビルの賃貸・管理会社であり，C子が引き継ぎました。

(3) 生前に贈与が行われており，特にC子への贈与が多額でした。

(4) **(診断)**　生前の贈与は，他の相続人全員の承諾があれば万全ですが，なかなかそのようにもいきません。そのためには，他の相続人に対してバランスのよい贈与しておくか，贈与する理由や，その時点の必要性，将来の遺産分割との関係を説明しておいた方がよいでしょう。

## 11　被相続人の事業会社の承継と相続

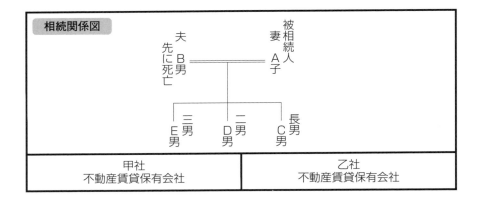

## 遺産分割の経緯

遺産分割は，長男のC男の主導で行われましたが，C男・D男とE男は，甲社・乙社経営をめぐって対立していました。対立の原因に3者の生活スタイルの違いがあり，時にC男は以前勤務していた会社を退職し，相続発生前10年間は甲社の社員として勤務していました。将来の相続時の争いを懸念していたA子は遺言書を作成しており，遺言のとおり分割しました。

〔相続財産・相続税の概要〕

(単位：千円)

| 相続財産等 | 評価額 | C男 | D男 | E男 |
|---|---|---|---|---|
| 純資産価額 | 180,000 | 70,000 | 70,000 | 40,000 |
| 相続税額 | 20,000 | 8,000 | 8,000 | 4,000 |

## 相続対策と税務診断

(1) 当家は老舗の商家であり，これを引き継いで法人化し，甲社において事業を行っています。株主は男子3人であったため，B男は株式持分としてC男に過半数をもたせ，外部勤務途中で甲社に入社させ事業を行わせていました。D男は個人事業主で他の事業を行っており，共同して甲社の経営にも参画しています。C男は，その後，不動産賃貸保有会社の乙社を設立し，甲・乙を経営しています。

(2) B男の没後，A子，C男，D男，E男は連携して良好な親族協働をしていましたが，相続発生数年前より，C男とE男の対立が始まり，相続発生時には，E男・A子対C男・D男，そしてE男対A子・C男・D男の対立となっていきました。

(3) E男は，この争いの中で，共有不動産の分割を求めてきており，最終的には，E男の持分を乙社が買い取りました。もとより，売買価額をめぐっては，鑑定評価を互いに求めて争って，やっとまとまってきました。

(4) 遺産分割については，このようなことから，相続発生の数年前，A子の健常のうちに遺言書の作成が行われました。A子としては，E男の将来を

心配していましたが，遺留分に若干上乗せした金額になるよう遺言書に配慮していました。

(5) **(診断)** 先代のＢ男は，旧来からの財産を一本化して存続することを願い，法人化したり活用することによって，将来引き継ぐための対策を行っていたものの，その後の家族構成により変化してきました。そして，できるだけ不動産については，個人から法人へ所有を集中していました。しかし兄弟間の争いは避けがたく，それ故，当家（本家）として継続していくものと，相続人が相続して継続していくものに分割しておくことも考慮に入れるべきでしょう。

## 12 生前の相続人への支援のバランスと相続

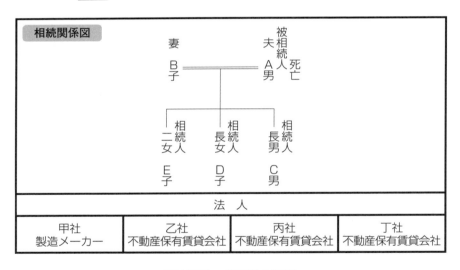

〔相続財産・相続税の概要〕

（単位：千円）

| 相続財産等 | 評価額 | Ｂ子 | Ｃ男 | Ｄ子 | Ｅ子 |
|---|---|---|---|---|---|
| 純資産価額 | 650,000 | | | | |
| 相続税額 | 120,000 | 60,000 | 20,000 | 20,000 | 20,000 |

(注) 遺産は一部分割で大半は未分割である。

## 遺産分割の経緯

相続人間で何度も話し合いが行われました。特にC男とD子の間で調整がつかず，遺産の大半（不動産）について未分割で申告期限を迎えました。

現預金は妻が相続し，甲社より退職金が支給されましたが，これはC男，D子，E子がそれぞれ3分の1ずつ取得しました。

## 相続対策と税務診断

(1) C男，D子，E子らで遺産分割について争いが始まりました。その根本的理由は，生前における，A男によるD子，E子に対する生活支援や贈与があるのではないでしょうか。その結果，C男は，相続発生時点でもともと損をしていたのではないか。それ故，生前の経済的利益分も再計算して遺産分割するべきではないかとの主張もありました。

(2) 乙社，丙社，丁社は被相続人が不動産を購入・活用するごとにそれぞれの株式持分を将来，承継するであろう子供達の名義にしてありました。そして，それぞれ役員になり，会社を経営しています。

(3) このような生前の活動も，C男は相続の発生によって公平に精算されなければならないという考えでした。

(4) 申告時点では一部分割し納税を済ませました。その後は，家裁・調停，訴訟の道を延々とたどることになりました。

(5) **(診断)** 生前贈与および支援分についても，場合によっては説明ができるようになっていなければなりません。事業承継と財産相続を上手に次代へ引き継ぐことは至難であると，まず認識し，第一は公平に，第二は誰が財産を守りきれるかの見通しも大事です。

## 13　共有土地の分割後の相続

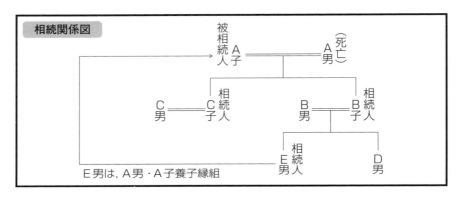

〔相続財産・相続税の概要〕

(単位：千円)

| 相続財産等 | 評価額 | B子 | C子 | E男 |
|---|---|---|---|---|
| 純資産価額 | 360,000 | 120,000 | 120,000 | 120,000 |
| 基礎控除 | | | | |
| 相続税額の2割加算 | | | | |
| 算出税額 | 65,000 | 20,000 | 20,000 | 25,000 |

### 遺産分割の経緯

　法定相続人は姉妹の2人と姉の次男（養子）の3人です。不動産は養子に相続され，葬式費用等の債務も養子に相続されました。全ての財産を3分の1の均等相続としました。代償分割をしています。

### 相続対策と税務診断

(1)　地方都市の代々続いた家系であり，A男は教育者です。
(2)　不動産の活用は特にすることなく，また地方都市の土地は低価額であったため，相続権で困ることはありませんでした。

(3) A男の自宅の土地は親せきと共有であったため,これを分割する必要がありましたが,永年交渉をしていたのがやっと分割できました。
(4) 今後の相続は,直系のD男が相続することとしました。
(5) **(診断)** 共有者は,できるだけ分割しておく必要があります。代々相続している場合,長子相続してきている時に,財産の登記や,共有者との整理がつかずにそのままきていることがありますが,タイミングをみてできるだけ整理し,相続を確定しておくことが必要です。

## 14 立体買換え後の相続

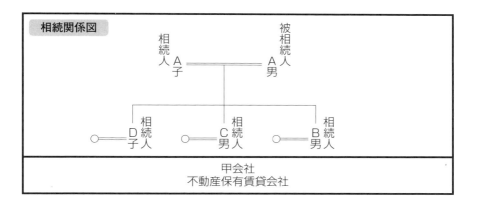

〔相続財産・相続税の概要〕

(単位:千円)

| 相続財産等 | 評価額 | 取得者 | | | |
|---|---|---|---|---|---|
| | | A子 | B男 | C男 | D子 |
| 純資産価額 | 100,000 | | 100,000 | | |
| 基礎控除額 | | | | | |
| 算出税額 | 2,000 | 0 | 2,000 | 0 | 0 |

### 遺産分割の経緯

被相続人の相続財産は,土地建物の6分の1の持分です。甲会社への貸付金

はB男へ相続しました。分割はその他全部A男へ相続することとなりました。

### 相続対策と税務診断

(1) A男は，所有していた土地にディベロッパーと等価交換（立体買換え）方式を用いて建物を所有していました（一部借入金をして増床取得）。

(2) 不動産賃貸会社として甲会社を運営しています。

(3) 不動産賃貸事業は当初はうまく運営されていましたが，不動産バブル，リーマンショック等で市況が下がり，運営は苦しくなってきました。

(4) そして，相続が発生し，相続人B男が建設不動産会社に勤務して経験があるため，これを承継することとなりました。

(5) **(診断)** 生前に土地を活用する方式として採算と資金調達から一部立体買換えも有用です。将来の相続を考えて活用し，かつ，将来の資金負担を軽減するために等価交換し，一部土地を譲渡して建物に買換えしたものですが，それでも採算が見込みと違って悪化する場合もあり，費用のカット等によって切り抜けるスキームが必要となります。

## 15 不動産管理会社のM&Aと相続

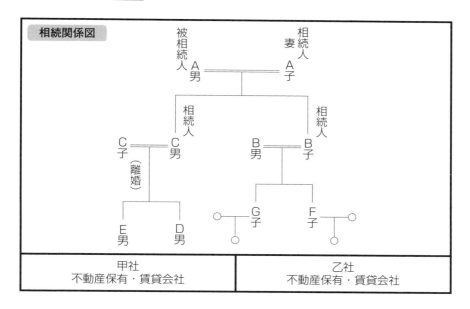

〔相続財産・相続税の概要〕

(単位：千円)

| 相続財産等 | 評価額 | 取得者 | | | | |
| --- | --- | --- | --- | --- | --- | --- |
| | | A子 | B子 | C男 | D男 | E男 |
| 純資産価額 | 3,800,000 | 1,800,000 | 800,000 | 900,000 | 200,000 | 100,000 |
| 基礎控除額 | | | | | | |
| 算出税額 | 1,000,000 | 0 | 400,000 | 450,000 | 100,000 | 50,000 |

### 遺産分割の経緯

　法定相続人は，A子と子供B子・C男2人と，養子縁組の孫D男・E男2人の5人です。法定相続人は4人であり，税額の計算は妻2分の1で，子供は「1/2×1/3」，養子のうち1人は「1/2×1/3」となります。同族株式，不動産は妻のA子と子供のB子，C男で取得し，孫には上場株式と現預金です。

納税については，B子，C男の2人は物納しました。孫は2人とも現金納付で，孫は未成年者控除の適用を行いました。

### 相続対策と税務診断

(1) A男は代々続いた地主であり，不動産市況の活発化により不動産開発を行いました。

(2) 賃貸の商業用不動産を建築開発しました。賃料収入で建築費借入金は返済していき，借入債務は減少していきました。

(3) 代々承継してきた不動産は，いったんは大部分はA子に相続することとしました。これは，土地の評価がバブルを経て低下していくものと予想したためです。

(4) 相続分割はC男が主導し，D男とE男を養子縁組して，一部相続させました。

(5) 相続後，C男は離婚したため，A子の相続財産は，B子の子供のF子とG子に相続することとなりました。

(6) そこで，不動産保有会社の経営は，F子とG子では困難と考え，M&Aで会社を売却する計画を立てています。

(7) 生前に，土地を有効に活用していますが相続人の運営能力を見越して規模を縮小することも必要です。特に大地主の場合は，不動産の立地等によって活用計画をタイミングよく進めていく必要があり，また家族構成の変化によっても迅速に対応していくことが必要ですが簡単にはいきませんので，常に良好な家族関係を保つためのコミュニケーションが不可欠です。

## 16 土地の再開発事業と相続

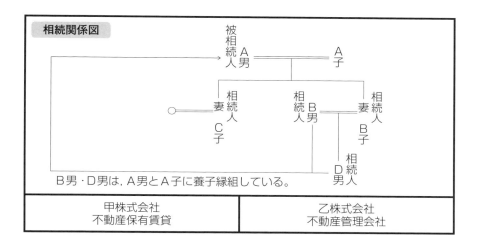

[相続財産・相続税の概要]

(単位：千円)

| 相続財産等 | 評価額 | 取得者 | | | | |
|---|---|---|---|---|---|---|
| | | A子 | B子 | C子 | D男 | B男 |
| 純資産価額 | 900,000 | 230,000 | 80,000 | 400,000 | 100,000 | 90,000 |
| 基礎控除額 | | | | | | |
| 算出税額 | 48,000 | 0 | 15,000 | 10,000 | 13,000 | 10,000 |

### 遺産分割の経緯

妻のA子が，財産の2分の1以上をとること，土地等はB子の家族で持つこと，二女には現金を代償分割することが分割のポイントです。同族会社株式等のうち，乙会社はA子へ，甲社株式は，A子の家族で持つように分割します。絵画等は，A子の家族が保有し，株式を分散させないことを主な目的として分割しました。

## 相続対策と税務診断

(1) A男は、代々続いた直系の後継者であり、金融の事業も承継しています。
(2) 時代も変わり、事業はM＆Aで譲渡し、その代金で不動産事業を開発しました。
(3) 当初は所有していた土地の再開発事業の税務の特例を用いて不動産と建物を所有していました。
(4) 不動産事業の展開のため不動産を当初から甲社および乙社に分散して所有させていました。
(5) 直系の男子である孫のD男に事業を承継させる（相続はB子、B男を通じてD男に承継する）ように意図しました。
(6) B子からは将来、金融財産をC子に相続することとしました。
(7) 所有していた土地を再開発事業に供し、資金的に無理なく、等価変換することも採算に有効です。被相続人たるべき人は、将来の事業・財産相続ができるだけスムーズに進むことを当然考えて財産の活用をすることになりますが、一方では、親族間の感覚・感情の機微にも敏感でなければなりません。

## 17 建物法人転貸と相続

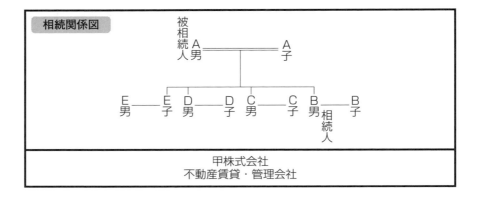

〔相続財産・相続税の概要〕

(単位：千円)

| 相続財産等 | 評価額 | 取得者 | | | |
|---|---|---|---|---|---|
| | | B男 | C男 | D男 | E子 |
| 純資産価額 | 2,000,000 | 500,000 | 500,000 | 500,000 | 500,000 |
| 基礎控除額 | | | | | |
| 算出税額 | 880,000 | 220,000 | 220,000 | 220,000 | 220,000 |

## 遺産分割の経緯

　法定相続人は子供B男，C男，D男，E子の4人です。主な相続財産は土地・建物の不動産であり，不動産は全て4分の1ずつの法定相続分としました。借入金が多額であり，これも法定相続分で引き継ぎ，その返済が議題でした。

## 相続対策と税務診断

(1)　A男が所有する土地がかなり広く，路線価の高いものであり，相続対策も考慮して不動産ディベロッパーと共同して建物を建築しました。

(2)　建物は個人所有とし，甲会社は不動産の転貸・管理業務を行っています。

(3)　相続分割にあたっては，不動産の市況の変動も考慮し，分担して相続人が保有することとし，借入債務も負担することとなりました。

(4)　将来相続人が共同で運営することのできるように法人が建設，転貸・管理をしました。

(5)　**(診断)**　相続人が経営をやっていける可能性のある場合は，法人に運営を任せるのも有効です。この場合は，不動産活用のパートナーの選択を間違わないようにしなければなりません。金融機関関係，不動産会社関係，建設会社関係等，特徴が違いますので長短を信頼できる専門家に診断してもらう必要があります。

## 18 不動産の将来世代への承継と相続

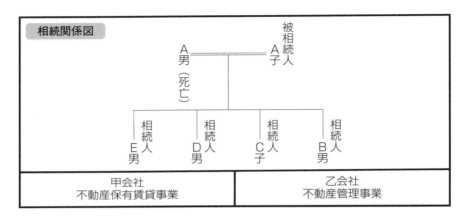

[相続財産・相続税の概要]

（単位：千円）

| 相続財産等 | 評価額 | 取得者 | | | |
|---|---|---|---|---|---|
| | | B男 | C子 | D男 | E男 |
| 純資産価額 | 150,000 | 10,000 | 10,000 | 30,000 | 100,000 |
| 基礎控除額 | | | | | |
| 相続税額 | 8,000 | 1,000 | 1,000 | 2,000 | 4,000 |

### 遺産分割の経緯

　自宅用のB男・D男の土地はそれぞれに，そして残りの不動産は4分の1ずつ均等で分割しました。甲会社への貸付金は三男のE男が相続しましたが，基本的には相続財産は4分の1ずつ均等となるよう分割しました。

### 相続対策と税務診断

（1）　繁華街・路線価の高い土地と，郊外や地方にバブル期に借入金をして取得した土地と建物を所有しています。

借入金は，全体の不動産収益によってなんとか資金回転しています。
(2) 商業地の一族の土地を次代へ承継したいと強い希望を相続人はもっています。
(3) 兄弟間は，長男B男を中心として経営の意思は統一されています。
(4) しかし相続税は，D男の再婚話がでて将来世代の相続の考え方に差異がでてきています。
(5) そこで，B男等は懸念し，B男，D男，E男とC子に相続が発生した場合，相続財産の不動産を甲会社へ全て譲渡することを確約する方針を固めましたが，遺言書で行えるか，生前の譲渡契約が可能かの方策を模索中です。
(6) **(診断)** 不動産を将来，末代まで継承したい願望は誰にでもありますが，次代，次々代までは可能な方法を，誰もが求めています。そのような観点から，会社所有に順次移転しながら，できるだけ継承を可能にする努力であり，有用です。一族は中心不動産を集中的に相続することを考え，相続人と相続人の配偶者，子供を含めて意思の統一をすることにしました。そして相続が順次生じた場合にも分散することのないように公正証書遺言と生前に死因譲渡契約をすることにより会社へ集中化する方法を模索しています。

## 19 事業と不動産の相続分割

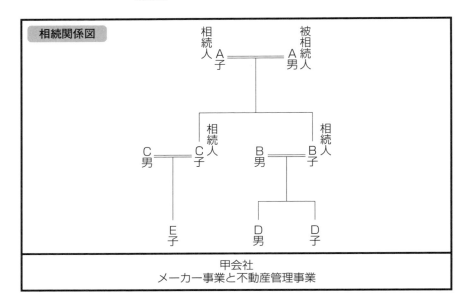

〔相続財産・相続税の概要〕

(単位：千円)

| 相続財産等 | 評価額 | 取得者 | | |
|---|---|---|---|---|
| | | A子 | B子 | C子 |
| 純資産価額 | 160,000 | 80,000 | 40,000 | 40,000 |
| 基礎控除額 | | | | |
| 算出税額 | 5,000 | — | 2,500 | 2,500 |

### 遺産分割の経緯

財産を法定相続分となるように分割することとしました。

A子とB子の自宅と事業所のある土地と建物を，A子とB子で半分ずつ相続しました。C子の住居用のマンションはC子が相続しました。

### 相続対策と税務診断

(1) A男が起業した事業を青色申告事業として，A子とともに永らく経営してきました。高齢になり，やや歩行が不自由となったため，B子が事業を手伝いはじめ，さらにはB男の定年とともに参加することとなりました。

(2) このようなことから，法人成り（甲会社）を行って，最初は社長はA男でしたが，後にB子が社長となりました。

(3) 相続分割は，事業には最初から現在まで配偶者のA子が強力に関わっていたこともあり，相続後も甲会社で業務を行っていることで，2分の1を，また，当該建物の2階にB子家族が居住していることから共有で相続しました。

(4) C子から相続発生前の贈与や住居の固定資産税の状況から過去の精算を求められましたが，これについては将来のA子の相続等に精算するという，やや先送り感もありますが，分割は決着しました。

(5) **(診断)** 事業と不動産を女子相続人2人に有効に分割するケースです。このような場合は誰が事業を，財産を承継するかということになりますが，できるだけ生前からの協力程度や将来の事業運営能力を考慮して方針を周知していくことが大切です。

## 20 事業会社と不動産の分割相続

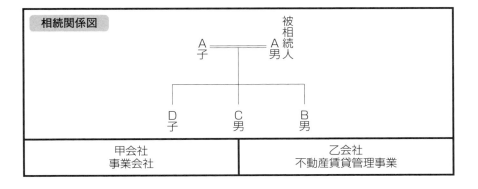

〔相続財産・相続税の概要〕

(単位:千円)

| 相続財産等 | 評価額 | A子 | B男 | C男 | D子 |
|---|---|---|---|---|---|
| 課税純資産価額 | 1,000,000 | 5,000,000 | 150,000 | 150,000 | 150,000 |
| 概算相続税額 | 150,000 | | 50,000 | 50,000 | 50,000 |

### 遺産分割の経緯

　当家の甲会社は創業50年の業界屈指の事業会社であり，A男とA子の個人事業から成長させてきたものです。それ故，A男とA子の将来への事業承継の念が強かったのですが，後継者としてのB男とC男の関係がうまくいっていませんでした。そこで，いったん法定相続分で遺言分割することとなりました。

### 相続対策と税務診断

(1) A男・A子は後継者としてB男を代表取締役に生前の早い時期にしていました。B男が営業本部を統括し，C男に管理部門を支援させることとしましたが，それぞれ良好な関係は築くことはできませんでした。

(2) 生前にA男の甲会社の持分全部をB男に譲渡し，経営を委ねることとしました。

(3) A子とD子には，乙会社を渡し，C男には別会社丙会社を設立し生活の基盤とさせようとしました。

(4) このような状況の中で，A男の相続が発生しましたが，B男は，(2)による甲会社の財産を引き継いだにもかかわらず，A男の財産の分割を要求してきました。何回かの交渉の末，法定相続分の分割となったものです。

(5) 相続発生後，A子の病状が進行したため遺言書の作成がなされましたが，遺留分の減殺請求が想定されるので，次の相続の分割はもめる可能性を含めた対策が検討されつつあります。

(6) 事業の継承と不動産の相続を切り放して相続を進める1つの方式です。企業家である親と子，兄弟間でそれぞれ関係が良好にいくとは限りません。特に経営や財産運営に未熟な相続人は，よく学び，よきアドバイザーが必

要です。これに失敗すると良好な事業・財産承継は困難，いや不可能となります。

## 21 兄妹の配偶者と新たな相続人への相続

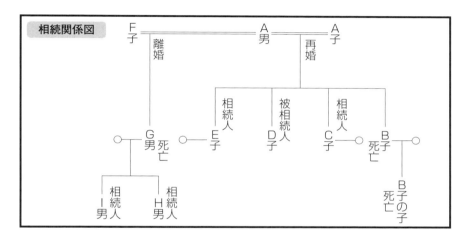

〔相続財産・相続税の概要〕

(単位：千円)

| 相続財産等 | 評価額 | 取得者 | | | |
|---|---|---|---|---|---|
| | | C子 | E子 | H男 | I男 |
| 純資産価額 | 310,000 | 30,000 | 220,000 | 30,000 | 30,000 |
| 基礎控除額 | | | | | |
| 算出税額 | 54,255 | 5,425 | 37,979 | 5,425 | 5,425 |

### 遺産分割の経緯

　当初，相続人はC子と妹のE子の2人だけだと思っていたところ，D子の父A男は再婚しており，初婚のときにG男がいることが判明しました。途中，戸籍が繋がらなかったりしたこともあり，他の相続人の特定に時間を要しましたが，法定相続人は結局4人となりました。申告期限までには未分割申告をし，後日，異母兄の子に当たる相続人2人（H男，I男）は法定相続割合の10分の

1．姉のC子は10分の1，妹のE子は10分の7の割合で分割をしました。相続財産の中に借地権があるため，売却，換金し，上記割合で分割することになりましたが，相続人が兄妹のみなので，2割加算となりました。

## 相続対策と税務診断

(1) 当初，分割をE子が主導し，相続財産の親族外への移転を防止する意図から，C子に相続放棄させることとしました。

(2) しかし，E子，C子ともに法定相続分は望まなかったのですが，財産相続を希望して放棄の交渉は難航しました。

(3) この段階で，G男の存在とH男とI男の存在の可能性が判明しました。

(4) ところが，H男の出生から現在までの戸籍が引っ越し時の戸籍簿の記載から連続しておらず，相続人として確認できない事態となりました。

(5) そこで，移転前の市役所と移転後の区役所の記載を一致させるために裁判所に請求し，これが認められ，相続人が確定しました。

(6) 相続人間での話し合いは，E子の意向でH男，I男に放棄することを要求しましたが，H男，I男は応じず，分割案となりました。

(7) 一方，借地権の自宅については，保有していても維持・使用することができず，地主と交渉を続けて買い入れてもらうことが可能となったため，借地権付建物を法定相続分で相続し，売却代金を取得して譲渡所得税の申告を行いました。

(8) 兄弟からの兄弟の相続を行うにあたって，その配偶者（B子の夫）への相続を行わないためと，新たな相続人がいたことが判明した場合の相続のケースです。このような兄弟からの相続の場合，寄与分等からの相続人が想定されない場合，兄弟間の相続の争いが発生する可能性があり，また，新たな相続人が発生した場合には，真摯な態度がないともめることになってしまいます。

## 22 法定相続人が事業相続しないケース

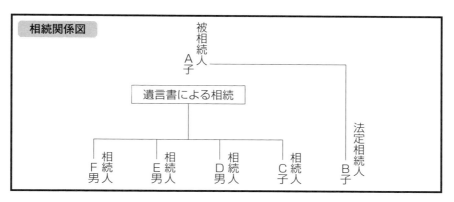

〔相続財産・相続税の概要〕

(単位：千円)

| 相続財産等 | 評価額 | 取得者 | | | | |
|---|---|---|---|---|---|---|
| | | B子 | C子 | D男 | E男 | F男 |
| 純資産価額 | 110,000 | 10,000 | 40,000 | 30,000 | 20,000 | 10,000 |
| 基礎控除額 | | | | | | |
| 算出税額 | 20,000 | 1,000 | 7,000 | 6,000 | 4,000 | 2,000 |

### 遺産分割の経緯

法定相続人はB子1人です。遺言による相続・遺贈であり、全財産を従業員に遺贈しました。

従業員は4人で、全ての財産・債務を500万円引いた残りを、「C：D：E：F＝4：3：2：1」の割合で遺贈しました。

### 相続対策と税務診断

(1) 相続財産の主なものは、土地建物、現金、退職金、債務です。
(2) 被相続人A子は、個人事業として長く業界にいて名が知られていました。

そして個人的色彩の強い事業であり，その元にC・D・E・Fの従業員がいました。

(3) A子は生前より，これら財産はこれらの事業から築かれたものであり，これを支援したC・D・E・Fに遺したいと考えていました。そして全員にその旨を伝えており，また遺言書も作成されていました。

(4) B子より若干の異論はありましたが，これに従って作業が進められました。

(5) **(診断)** 事業と財産の相続を法定相続ではない社員へ相続したケースです。事業を一代で築き，これを支えてきた従業員へすべて相続させ，事業を継続することを被相続人が願望し，これが実現したケースです。

## 23 相続人2人の争いの調整と相続

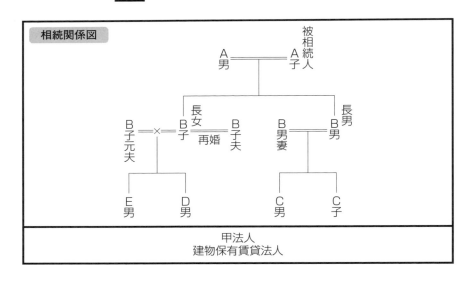

〔相続財産・相続税の概要〕

(単位:百万円)

| 相続財産等 | 評価額 | B男 | B子 |
|---|---|---|---|
| 資産合計 | 250 | 125 | 125 |
| 相続税額 | 50 | 25 | 25 |

### 遺産分割の経緯

 相続発生前は,A子,A男ともに介護施設等にいる状態です。ただし,両者ともに多少自由に動ける状態です。
 B子は外国に居住しており,相続財産の大半はA子の親からの相続分です。
 兄妹間での相続発生以前の行為について争いが生じていました。
 甲法人は経営が成り立っていない状態ですが,資産や過去の繰越利益剰余金があるため,株価は高くなっています。それ故,一定の資産があったため兄妹間の争いを沈静化させるため,B男,B子が均等に相続しました。

### 相続対策と税務診断

(1) 当家は代々家業を営んできましたが,近年の環境変化により,事業は法人成りして甲法人が建物を建築して事業を進めてきました。しかし,事業はB男が承継する意思をもたなかったために,甲法人の清算と財産,特に不動産の固定資産税等の負担も大きく,売却することとなりました。

(2) 妹のB子は,家業や会社運営に関わっていませんでしたが,相続発生後,急に相続発生前の資金・財産の移動等について疑問を示し,その説明に時間を費やしました。それら変動についてはおおかたの理解が得られましたが,今後の親(A男)の介護や事業の残務整理等に費用がかかることも予想されたため妥協して,かつ穏便に相続する手続きとして2分の1ずつとされたものです。

(3) **(診断)** 先祖代々の土地を譲渡することによって財産運営をスムーズにさせることと,2人の子供の相続の争いに対してスムーズに対応するバランス感覚が重要です。このように事業の承継をする者がおらず,財産の相

続はしたいということはよくあることですが、分割の方針を決めることが第一で、そしてこれは生前から準備をしておくことが必要です。

## 24 二次相続の孫への財産承継

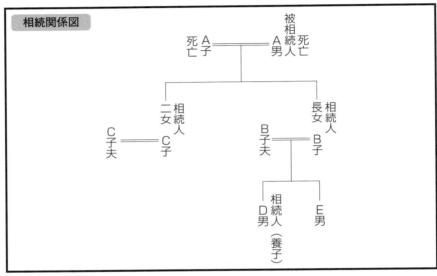

〔相続財産・相続税の概要〕

(単位：千円)

| 相続財産等 | 評価額 | B子 | C子 | D男 |
|---|---|---|---|---|
| 資産合計 | 700 | 230 | 220 | 250 |
| 相続税額 | 200 | 60 | 60 | 80 |

### 遺産分割の経緯

遺言書はなく、相続人全員の話合いにより、分割協議を進めてきました。金融財産はおおむね3等分になるように分割し、不動産については自宅部分をB子、旧A男家と賃貸物件をD男、マンションをC子が取得しました。債務および葬式費用はD男が承継・負担することとなりました。

相続人間での争いはなく、分割協議はスムーズに進みました。ただし、孫養

子のD男が未成年であり，利益が相反するため未成年後見監督人が裁判所から選任（弁護士）され，相続に関わることとなりました。未成年後見監督人がいたため，相続税の申告書の押印や遺産分割協議書の記載法・押印の手続を要しました。

## 相続対策と税務診断

(1) 手許現金は，相続開始直前に引き出された現金と財布に入っていた現金を合計して計上しました。過去の通帳がなかったことから，被相続人および親族の過去の通帳の動きは把握していませんでした。

(2) 未成年者控除は前回の相続で適用したため，今回の相続では控除しませんでした。

D男は養子のため2割加算，C子，D男は3年内の贈与加算がありました。著作権は，過去3年間の印税収入がゼロであったことから，評価額はゼロとされました。

(3) 相続人は長女と二女であり，相続分割は法定相続分割が行われました。しかし，C子には子供がおらず，孫は男子がおり，将来，財産を引き継ぐとの合意もでき，養子のD男にして相続が行われました。当然3分の1がD男にいくことになりましたが，当初金額もわからず若干のもめごともありました。しかし，将来のシミュレーションと考え方を合理的に説明し理解を得られました。

(4) 相続財産の建物は，生前借入金をして建築していましたが，賃貸収入で返済されていました。

(5) 2次相続以後の相続財産の承継をスムーズに進めるスキームです。次の相続を見据えての相続を行うことが必要であり，特に孫に収れんする場合は，孫が複数いる場合は，事業と財産の承継の区分けが必要となります。

## 25 不動産活用・集約と相続

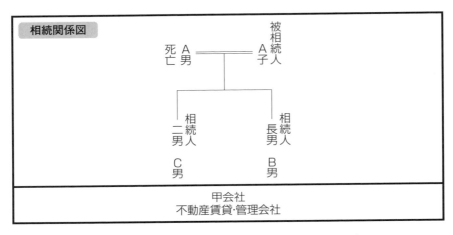

### 遺産分割の経緯

遺言書がなく，B男およびC男の両当事者の話し合いにより，おおむね税額が2分の1ずつになるように分割協議を進めてきました。最終結論としては，B男のほうが土地をC男よりも多く相続（全土地の評価額のうち，約6割をB男が相続）したことと，家屋の全てをB男が相続したことにより，B男のほうが税額を多く負担することとなりました。

相続人間の争いはありませんでした。

〔相続財産・相続税の概要〕

(単位：百万円)

| 相続財産等 | 評価額 | B男 | C男 |
|---|---|---|---|
| 資産合計 | 400 | 220 | 180 |
| 相続税額 | 90 | 50 | 40 |

## 相続対策と税務診断

(1) 先に亡くなったA男の相続税の修正申告が発生し，A子に相続税が発生したため，今回の相続でこの分について相次相続控除を行いました。相続開始前3年以内の贈与金額を相続財産に加算しました。

　B男の言により，領収書のないB男立替分の金額を債務として計上しました。この金額の内訳については，B男の手書きによるメモが残っているだけでしたが，合理性があると判断されました。

　相続が続いたために，預金の整理が終わらなかったので，故A男相続による帰属関係が複雑に絡んでいました。これは，故A男の相続財産である預金の分割後，所有者が変更されたにもかかわらず，所有者名義の口座に家賃収入等が正しく入金されなかったことが要因でした。

(2) 被相続人（故A男相続時）が支出した構築物（自宅）の計上漏れが指摘されました。税務調査時には問題（指摘）となりませんでしたが，下記のような問題が発生しました。数十年前の現金・株式の贈与，外国A′会社の株式（株式購入資金の出所），B男が外国に行ったときの銀行積立金（A子が実際は払っていた）。

(3) 当家は昔からの地主であり，不動産が多くありましたが，A男の相続時に，B男・C男にすでに相続していました。金融財産はA子が相続し，A子の相続でB男・C男に相続することとしていました。

(4) A男の相続をA子が管理していたので，資金の移動が不明確になりやすく，生前，A子財産を監視していましたが，資金のフローの根拠があいまいとなっていました。

(5) A男・A子は，B男・C男が幼少の頃から贈与を受けており，贈与契約書，贈与税の申告をさせていることが明確になりました。不明確なフロー

は、相続財産の可能性もでてくるので、手続きの書類をきちんと作成し、保存しておく必要があります。

(6) **(診断)** 不動産を活用し、また、貸地等を集約して相続を可能にするスキームです。また、生前に被相続人への立替金や貸付金等の債権がある場合、債務の控除の対象となります。家族間では借用書や契約書を結んでいることは稀ですが、できるだけ、メモや覚書き程度は用意しておいた方が望ましいのです。

## 26 相続のやり直し

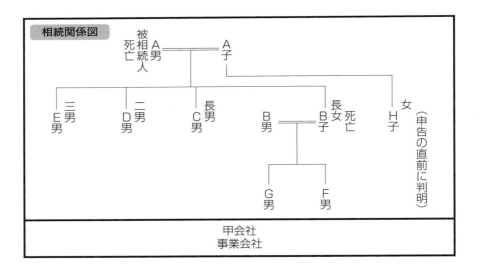

### 遺産分割の経緯

遺言書はありませんでしたが、相続人全員の話合いにより、長男のC男が全てを相続するように分割協議を進めてきました。

ところが、遺産分割協議が終了し相続登記を行う段階で、父母の一方だけを同じくするH子の存在が判明しました。これにより、遺産分割について再度協議することになり、H子とどのように連絡を取るかが問題となりましたが、C

男夫婦が直接，H子を訪問し話をした上で，H子の放棄について今回の相続について理解してもらうことができました。

その後，新しい遺産分割協議書を作成し，あらためて相続人全員の押印をした上で，相続登記を完了させました。

なお，特例を適用せずとも，税額が発生しなかったため，相続税の申告はしませんでした。

〔相続財産・相続税の概要〕

(単位：百万円)

| 相続財産等 | 評価額 | C男 | D男 | E男 | F男 | G男 | H子 |
|---|---|---|---|---|---|---|---|
| 遺産合計 | 80 | 80 | 0 | 0 | 0 | 0 | 0 |
| 相続税額 | 0 | 0 | 0 | 0 | 0 | 0 | 0 |

### 相続対策と税務診断

(1) 土地に関しては，一部未使用部分があり，自用地評価となりました。また，他の一部は公衆用道路があり，評価額はゼロで計算されました。

債務に関しては，相続人からの資料のうち，領収書がないもの（葬式受付手伝い心付等）がありましたが，相続人の意向により債務として計上しました。

(2) 当初，相続人間では分割の協議が進められていましたが，その後，兄弟の知らない相続人がいることが判明して，相続分割のやり直しとなりました。被相続人A子の相続財産の形成については，A男からの財産相続が主にあり，A子自体が甲会社に勤務し，給与もあり，所得もあって，一部財産形成の要因であることをH子に説明し，分割協議がまとまりました。

(3) **(診断)** 相続手続中に新たな相続人の存在が判明したが，放棄がなされたケースです。このように未知の相続人が存在した場合，混乱が生じることがあります。

## 27　不動産を最大限活用して相続

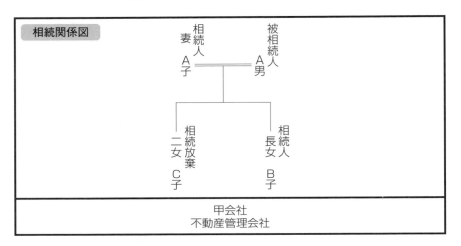

### 遺産分割の経緯

　相続人であるＣ子は，相続放棄をしました。これは，Ｃ子とＡ子・Ｂ子が対立関係にあったためです。生前，Ｃ子がＡ男の面倒を全くみず，手伝いにも来なかったことが原因でした。

　遺言書がなく，Ａ子およびＢ子ならびにＢ子の夫の当事者の話合いにより，借入債務が過多の状況にあり，相続財産および債務については，土地および借入金は２分の１ずつ，その他のものについては，Ａ子が取得・承継するように分割協議を進めてきました。そして，その他のもののうち，退職金および法人に対する貸付金の一部を借入金の返済と生活費捻出のため，Ｂ子が取得することとなりました。

〔相続財産・相続税の概要〕

(単位：百万円)

| 相続財産等 | 評価額 | A子 | B子 |
|---|---|---|---|
| 資産合計 | 400 | 230 | 170 |
| 相続税額 | 2 | 0 | 2 |

## 相続対策と税務診断

(1) 土地が，自宅用，一戸建て賃貸用と広いため，一部を貸宅地とし，一部を自用地として評価しました。貸宅地部分については，限度面積まで特例を適用し，自用地部分については一部訴訟中で極めて利用することが困難であるため，当該土地については，一体評価せず，個別に評価しました。甲会社は同族会社であり，同社の申告書別表2では，A男以外の株主が記載されていましたが，設立時の資金の流れや先方の証言から，名義株であることが判明したため，全株式を相続財産として計上しました。

(2) 立地条件が当初良かったため，一戸建ての高級賃貸住宅を3棟建て賃貸していましたが，不動産市況の変化により建築資金用の借入金が返済困難となったため，銀行の支援によりやりくりしてきました。

(3) このような状況（債務過多）では，C子は相続することが不利と考え，相続を放棄し，その手続きを進めました。そこで，将来計画としては，全て賃貸して返済資金を捻出するため，B男（B子の夫）の海外の任地に移住しました。返済が可能となる時点で戻る計画でした。

(4) 活性化できる不動産を，全て自己使用分も賃貸にして採算性を高め維持することも必要です。バブルの後遺症があり，債務が残っているため，これを全力で返済する方法は，最も高く賃貸できる不動産は賃貸とし，自らの住居を移転することも必要です。

## 28 事業経営の承継と相続

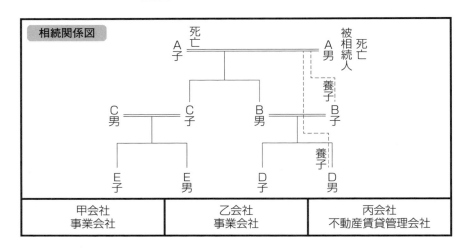

### 遺産分割の経緯

　遺言書はありませんでした。C子とB男家の間で，分割協議がまとまらず，結果として全部未分割で申告を行うこととなりました。その原因は，過去のC男所有の丙株式とC家孫3人からの借入金です。この2つは今回の相続と関係ないとB男家側が主張し，C男は弁護士に依頼しました。今後は調停，判決となる可能性があります。全部未分割であり，協議がまとまっていない時点での申告となりました。

　上記のように分割協議がまとまらなかったため，B家側が申立てをした，調停の結果，現在把握している財産を法定相続分で分割することが決定しました。税務手続きは，この調停調書の写しと未分割時に申告した申告書の第1表の写しを税務署に提出することにより完了しました。

〔相続財産・相続税の概要〕

(単位：百万円)

| 相続財産等 | 評価額 | C子 | B男 | B子 | D男 |
|---|---|---|---|---|---|
| 資産合計 | 120 | 30 | 30 | 30 | 30 |
| 相続税額 | 4 | 1 | 1 | 1 | 1 |

## 相続対策と税務診断

(1) 被相続人が創業者であり，甲・乙・丙会社を安定した企業に成長させてきました。A男は，ほとんどの財産を会社へつぎこみ，株式は分散しています。手許現金は全て甲会社にあり，相続人の主張により，金庫内に現金があったとのことだったので，財産として計上されました。

通帳に関しては，過去の通帳が一切残っていなかったので，最後の通帳のみで判断し，相続開始時の残高を財産として計上しました。

死亡退職金については，甲会社が関わってくるので，会社が退職金を決定しない限り，分割協議はまとまりませんが，申告においては，当初の議事録および相続人全員の意思に基づき，A男の入院費用の金額（甲会社が立替払い）を退職金の金額としました。

最終的には，取締役会を開催し，当該金額をもって退職金としました。

(2) 相続発生によりC男の主張が多くなってきました。その理由は，被相続人がC家の孫から資金を借りたとされていましたが実質がどうであるかが判明していなかったからです。そこで，それらを含む精算をC男が求めてきました。

(3) C男の要求が弁護士依頼にまで発展しました。しかし，調停が成立し，和解となりましたが，今後の火ダネが残っているものと考えられます。

(4) **(診断)** 事業会社の相続を中心にした後継者の争いであり，事業の経営者を親族からではなく社内から抜てきしたものです。事業会社の承継や財産の承継については，子供・孫等ある程度の方針は一応被相続人の立場になる人は準備をしておくべきで，そうすることで相続人も将来への意気込みが確定してくるものです。

## 29 金融財産の帰属と相続

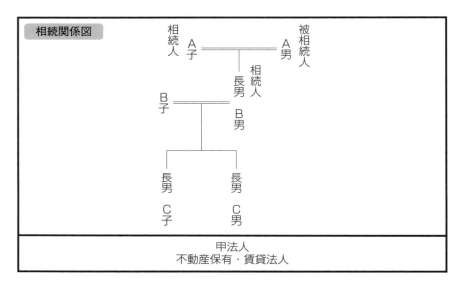

〔相続財産・相続税の概要〕

(単位:百万円)

| 相続財産等 | 評価額 | A子 | B男 |
|---|---|---|---|
| 資産合計 | 800 | 400 | 400 |
| 相続税額 | 120 | 0 | 120 |

### 遺産分割の経緯

　相続人は，A子とB男のみであり，争いが起こっていません。

　自宅のタンス内に保管してあった，現金と金の帰属者が問題となる可能性があります。通帳等の資料および相続人の証言，判明している情報等により，A男とA子らに帰属するかを判断しました。

## 相続対策と税務診断

(1) A男とA子は，各々別々に同じ個人事業を行っており，個人所得もかなりあり，それぞれの所得は適正に申告してきました。
(2) 自宅以外の不動産は，賃貸用であり，A男とA子が主体的に行っていました。不動産保有会社は，将来の事業承継方針と他出資者の資金の関係から，按分割合を決定したものであります。
(3) 相次相続の可能性があり，第二次相続対策が必要となります。
(4) **(診断)** 被相続人の配偶者も同じ個人事業であり，金融財産が多く，相続財産の帰属を明らかにするケースです。事業が個人事業で個人の能力が関係する仕事は簡単には後継者となることはできませんが，できるだけ事業の相続人も確保すべく考えておくべきです。

## 30 農業相続人の相続

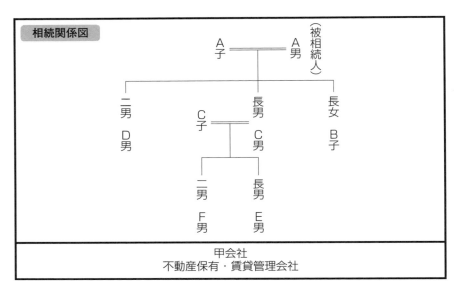

甲会社
不動産保有・賃貸管理会社

甲会社（発行済株式数6,000株）

（株主構成）
A男　4,000株（66.66％）
A子　2,000株（33.33％）

（役員構成）
代表取締役　A男
代表取締役　C男
取締役　　　A子
取締役　　　C子
監査役　　　B子

〔相続財産・相続税の概要（予定）〕

（単位：百万円）

| 相続財産等 | 評価額 | A子 | B子 | C男 | D男 |
|---|---|---|---|---|---|
| 資産総合計 | 1,000 | 500 | 120 | 260 | 120 |
| 相続税額 | 120 | 0 | 40 | 40 | 40 |

※A子、C男が農業相続人としての納税猶予を適用し、その他は法定相続分で計算している。

## 遺産分割の経緯（予定）

　A男家は，代々農家で，いわゆる大地主でした。長男であるC男は，相続のことを気にしており，A男に遺言書を書いてほしいと願っていたが，A男は欲っしていませんでした。

　相続税の支払いには，一部土地の売却が行われました。

　A男，A子から子や孫へ毎年現金贈与があり，またA男所有の建物（収益物件）をE男に贈与していました。

## 相続対策と税務診断

(1) A男の父の相続発生時に，A男とC男に農業相続人として事前に農地を含む土地を相続しました。一部賃貸収益物件もあり，これをC男に相続していました。
(2) A男の相続にあたり，相続人間の争いは，(1)によりC男が農業相続人となることから，ほとんどありませんでした。
(3) 遺言書は，A男が欲っしなかったため，作成していませんでしたが，生前の贈与により意図は伝わっていました。
(4) 甲会社により不動産経営は良好に推移しており，農業および法人経営に親族が一致して参画していました。
(5) C男の相続発生時のシミュレーションは，次のとおりです。

〔相続財産・相続税の概要（C男）〕

（単位：百万円）

| 相続財産等 | 評価額 | C子 | E男 | F男 |
|---|---|---|---|---|
| 資産合計 | 4,000 | 2,000 | 1,000 | 1,000 |
| 相続税額 | 1,000 | 0 | 500 | 500 |

※C子が農業相続人としての納税猶予を適用し，その他は法定相続分で計算している。

(6) **(診断)** 農業相続人については，将来の農業相続人の将来予測と他の相続人との調整が重要です。農業相続人が確定していましたので他の相続人は従ってくれたわけですが，そのようにいかない場合もあります。それ故に生前からの贈与の際に将来の相続分割が意図されている場合は，これをていねいに説明して理解してもらっておく必要があります。

## 31 不動産管理会社の承継と相続人間のバランス

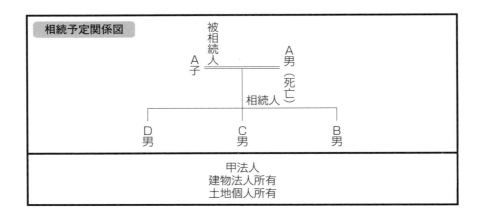

### 遺産分割の経緯（予定）

　A男が急死し，特に相続対策はしていませんでした。

　A子は生前，B男・C男・D男の相続等について懸念していました。B男は亡父の後に甲法人の社長となり，賃貸不動産事業を経営していますが，持株比率が過半数に達していなかったことに危惧を感じていました。そこで，生前にA子から贈与と譲渡を受け10分の6所有する目的をもっています。

　遺産分割において，自宅は同居しているA子とD男が各々2分の1，土地はA子とB男が各々2分の1，甲法人株式は10分の1をC男とD男に2分の1ずつとしたいと思っています。

〔相続財産・相続税の概要（現在）〕
- 金融財産
- 土　　地 ┌ (O) 自宅
　　　　　└ (P) 賃貸ビル用
- 建　　物 ┌ 自宅
　　　　　└ 賃貸用ビル
- 甲法人株式

## 相続対策と税務診断

(1) 生前A男は，土地P上で事業を営んでいました。
(2) 近隣の土地が値上がりし，賃貸事業を行うために甲法人を設立しました。借入金は，A子相続時には完済されている予定です。
(3) A男が急死し，A子が財産を相続していました。
(4) 甲法人設立時にA子，B男，C男，D男は株式を分散所有しており，A男の相続後は，A子10分の7，B男・C男・D男が各10分の1ずつでした。
(5) 甲法人の運営をめぐってB男とD男の意見の対立があります。
(6) D男は独身でA子と同居しています。
(7) 甲法人の運営について，B男が支配権を取得することを目指しているのですが，A子相続時に，C男，D男からクレームが生ずる可能性もあります。
(8) そのため，A子からすべて贈与を受けるのではなく，譲渡によって譲渡代金をA子が蓄積することを考えています。
(9) **(診断)** 相続人のうち，複数が法人経営を望む可能性がある場合には，分散された株式を集中化しておく必要があります。相続対策未定のまま相続が発生し，事業相続がある場合，特に相続配分が難しくなります。このようなことを考えると会社設立時に将来の相続を見通し，持株を決定し，さらにその後贈与により相続方針を示していくべきです。

## 32 会社承継と財産相続のバランス

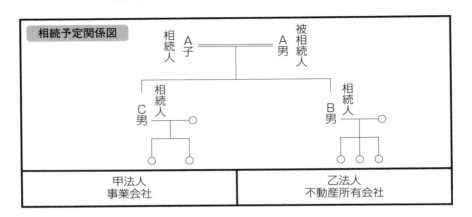

### 遺産分割の経緯（予定）

相続人は，A子，B男，C男です。B男はクリニックを経営しており，C男は生前にA男から勘当同様となり，外で他の甲法人の事業と同様の事業を行っています。

A男は生前，C男をいったん甲法人の副社長として経営をまかせようとしましたが，両者の関係がうまくいかず，外に出して他の法人の経営をしており，A男は経営権をB男に相続させ，実務を行う経営者は社内または社外から抜てきするつもりでいます。

この趣旨の遺言書が作成されていましたが，将来，B男とC男が話し合い，結局，社長としてC男に就任してもらい，B男が大株主として経営を監督することにする可能性があります。

遺産分割は，土地・会社株式はA子が取得し，B男が甲法人・乙法人の株式を相続し，C男は甲法人の株式10分の3と金融財産を相続させる予定です。

〔相続財産・相続税の概要（現在）〕

- 金融財産

- 土地
- 建物
- 甲法人株式（A男 $\frac{8}{10}$ 所有）
- 乙法人株式（A男 $\frac{9}{10}$ 所有）

## 相続対策と税務診断

(1) 甲法人は，A男創業の事業会社であり，業績および財政状態も良好でした。したがってA男は，いったんC男に譲るつもりでしたが，親子および社員間のソリが合わず，勘当同然となりました。

(2) その後，社長候補を外部からヘッドハンティングする試みをしましたが，うまくいかず，社内幹部から登用する方式に変えていきました。

(3) ただ，経営支配権は，B男にするつもりで，取締役とし経営会議にも出席させていますが，B男は乗り気ではありませんでした。

(4) 生前に甲法人の株式を一部（10分の2程度）を，B男およびB男の子供へ贈与しつつあります。

(5) そのつもりで，A男は当初遺言書を作成していませんでしたが，相続発生後，B男とC男が話し合い，株式の大半は，B男が相続することとし，経営はC男に任せることになる可能性も残されていますので遺言書の作成をしたのでした。

(6) 兄弟（B男，C男）仲は必ずしもよくなかったのですが，B男はこのようにせざるを得ないと考えているフシがありました。

(7) しかし，これによってうまくいけば，B男の甲法人の株式は順次，C男に贈与または譲渡するつもりでもあります。

(8) **(診断)** 事業経営と個人財産相続が一体の場合には，生前に経営と株式所有のバランスを検討しておく必要があります。事業存続と財産相続とは次元の違ったものですが，相続人間では，一体となってしまうことの可能性もあります。そこで事業継続の場合は後継者の教育を予め計画しておく必要があります。

## 33　事業経営の事業譲渡と相続

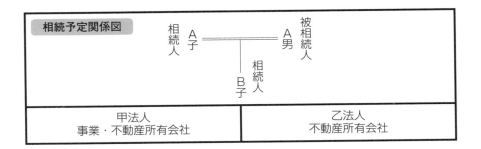

| 甲法人<br>事業・不動産所有会社 | 乙法人<br>不動産所有会社 |

### 遺産分割の経緯（予定）

全ての財産を，A子とB子で2分の1ずつ相続する予定。

〔相続財産・相続税の概要（現在）〕

- 土地（A男）
- 建物（A男）
- 甲法人株式（A男　0％）
- 乙法人株式（A男　100％）
- 金融財産

### 相続対策と税務診断

(1)　甲法人をA男の父親が創業した事業会社で事業業績は低迷しています。
(2)　甲法人の不動産部門，乙法人の不動産は賃貸事業は良好です。
(3)　A男は生前，将来B子に甲法人・乙法人の全てを継承することは困難と考えています。
(4)　そこで，生前，甲法人の事業部門を売却することを決め，事業譲渡することとしました。
(5)　**(診断)**　相続人の資質により事業経営の承継を断念し，相続財産への切り替えも必要です。事業継承を断念し，事業をM&Aで譲渡し，その代金で乙法人（不動産所有会社）の活用を考えることも1つの方法です。

## 34 被相続人の配偶者と相続

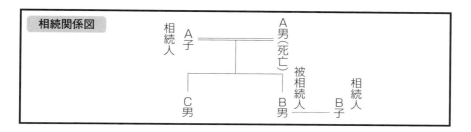

相続関係図

### 遺産分割の経緯

A子の自宅のB男の持分の4分の1は，A子が相続します。
B男の自宅のB男の持分の5分の4は，B子が相続します。
金融財産はB子が相続します。

〔相続財産・相続税の概要〕

- A子　自宅　土地・建物（持分　A子 $\frac{1}{2}$　B男 $\frac{1}{4}$　C男 $\frac{1}{4}$）
- B男　自宅　土地・建物（持分　B男 $\frac{4}{5}$　A子 $\frac{1}{5}$）
- 金融財産

### 相続対策と税務診断

(1) 以前のA男の相続が発生した時に，A子2分の1，B男・C男それぞれ4分の1で相続しました。
(2) B男の自宅を購入前に，生前のA男が5分の1の資金を出していましたが，これはA子が相続していました。
(3) A子とC男は，B子にA家の嫁として，A子の家に入ることを求めました。
(4) しかし，B子は，独立生計を営むために姻族関係終了届と復氏届けを市役所へ提出しました。
(5) **（診断）** 長男の相続発生により，配偶者と実母の相続のバランスを考えなければなりません。この場合は，B子の独立の意思が固く，独立の持分に変

更することにより、その後の運営が両者ともにしやすくなるのです。

## 35 高齢被相続人の再婚と相続

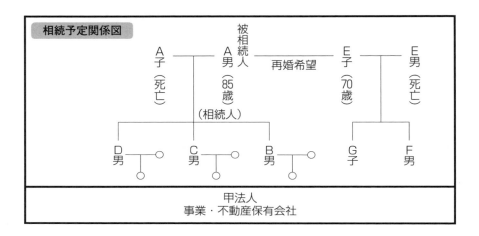

### 遺産分割の経緯（予定）

A男は、甲法人の経営をC男に任せたいと考えています。また、A男は、再婚相手に金融財産を一部遺したいと考えています。

A男とE子は再婚入籍を望んでいます。

B男・C男・D男は、入籍を望んでいません。

〔相続財産・相続税の概要（現在）〕

- 土地（A男）
- 建物（A男）
- 甲法人株式（A男 $\frac{1}{5}$　C男 $\frac{4}{5}$）
- 金融財産

### 相続対策と税務診断

(1) B男・C男・D男はA男と相続し、E子とは入籍をしないよう説得すること

を予定しています。

入籍しない場合は，
① 財産を分与することの贈与契約書をA男がB男，C男，D男と作成する。
② ①以外の財産を，子供に遺言書または死因贈与契約書で，相続させる。
③ これらの場合でも，生前に贈与が行われれば，財産は移転してしまう可能性がある。
④ ③を保全するために，相続時精算課税制度により贈与を生前に実行する。

入籍する場合は，
⑤ A男が遺言書を作成する。
⑥ A男とB男・C男・D男との間で死因贈与契約書を作成する。
⑦ ③，④を行う。

(2) **(診断)** 被相続人予定者が高齢で，再婚を希望する場合，先妻の子供達の反応とバランスを考えておかなければなりません。そのためには，特に事業会社がある場合は，事業の継続を万全に伝えるためには，過半数の持株割合が必要であるのでこれを実現するために遺言書や贈与が必要となります。

## 36 事業会社と一人娘の相続

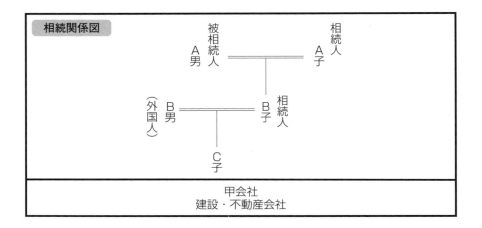

〔相続財産・相続税の概要〕

(単位:千円)

| 相続財産等 | 評価額 | 取得者 | |
|---|---|---|---|
| | | A子 | B子 |
| 純資産価額 | 400,000 | 200,000 | 200,000 |
| 基礎控除額 | | | |
| 算出税額 | 50,000 | — | 50,000 |

### 遺産分割の経緯

　生前に,創業の甲会社の株式をB子に相続時精算課税制度を使い,一部贈与をしました。さらに,遺言書を作成し,財産の分割を明確にしてきました。
　法定相続人は2人で,不動産は,自宅はA子に,離れの自宅は娘のB子に相続します。その他の財産については,預貯金はA子に多く,有価証券等はB子に多くなるようにし,全体的には相続財産額がだいたい同じくらいになるように遺言書で定めておきました。
　生前に贈与した株式の贈与当時の評価額を相続財産に加算し,当時納めた贈

与税額を控除して，相続税額を算定，納付しました。

## 相続対策と税務診断

(1) A男は一代で甲会社を創立し，経営してきました。
(2) 後継者は，B子およびB男は不可能と判断し，甲会社株式は，社員持株会を通じて，一部社員へ持株を移転しました。
(3) また甲会社株式は，一部をB子に相続時精算課税制度により贈与していました。
(4) A男は甲会社の代表取締役を辞任し，後継社長を社内から抜てきしました。
(5) 退職時にA男に退職金を支払いました。
(6) 遺言書を体調を崩し始めた頃に作成し，甲会社株式は，オーナーとしての立場を確保すべく過半数をB子に相続しました。
(7) **(診断)** 事業会社の経営の承継を出身社員から抜てきし，被相続人の子であるB子は会社オーナーとしての地位をもたせることとしました。事業相続人が存在しない場合には，他の親族から探すこともありますが，それも不可能となると社内や外部からのヘッドハンティングも必要となりますが，これに備えて株式の相続は事前に行っていなければなりません。

## 37 事業会社の承継と相続時精算課税贈与

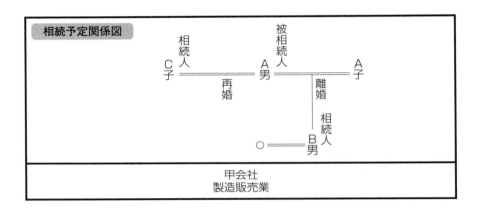

〔相続財産・相続税の概要（現在）〕

(単位：千円)

| 相続財産等 | 評価額 | 取得者 | |
|---|---|---|---|
| | | C子 | B男 |
| 純資産価額 | 1,330,000 | 550,000 | 780,000 |
| 基礎控除額 | | | |
| 算出税額 | 260,000 | — | 260,000 |

### 遺産分割の概要（予定）

　A子とC子の存在により株式の相続争いを懸念し，生前に遺言書を作成していました。遺言書は，甲会社とそのグループおよびA男の財産承継を考慮し，組織再編も行われ，その都度遺言書を作成し直しました。創業した会社の株式は，B男に，甲会社を承継するためA男が生前に退職により退職金を支給した時に，株価評価が下がったところで，相続時精算課税制度を使い，全て生前に息子B男に贈与しました。

　法定相続人は，C子とB男の2人であり，財産を遺言に従い分割し，A子は配偶者の税額軽減により税額が0円となりました。生前に贈与した株式の贈与当

時の評価額を相続財産に加算し，当時納めた贈与税額を控除し，相続税額を算定納付しました。

### 相続対策と税務診断

(1) 先妻と先妻の子供と後妻への相続の意思と相続争いの懸念もあり，慎重に準備していました。
(2) B男は甲会社の承継を早くから望んでいましたが，A男はすぐにはさせず，体調が悪化した時点で代表取締役を引き継ぎました。
(3) これに伴い，A男に退職金を支給しました。
(4) 退職金支給により，甲社の株価が低下したので，翌年，株式全株と贈与税支払原資，ともに相続時精算課税制度を用い贈与しました。
(5) その後相続が発生し，(4)の贈与財産を加算し，相続後の申告と納付が遺言書により行われます。
(6) **(診断)** 相続分割がもめる，あるいは簡単に進まない状況で，会社を存続させるために株式の相続時精算課税制度の贈与は有効です。株式承継については株価が高い場合には株価を低下させなければならず，一方で事前に事業に関与させ会社を承継させることが必要です。

## 38 相続人間の不動産の活用と相続

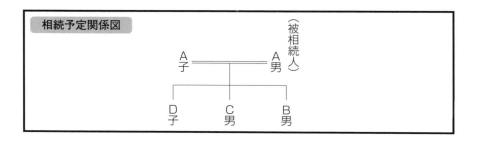

### 遺産分割の概要（予定）

賃貸用不動産はC男が相続し，事業用不動産はB男が相続します。
自宅はA子が相続し，金融財産は法定相続分で分割します。

〔相続財産・相続税の概要（現在）〕
- 土地
- 建物 ┌ 自宅
　　　├ 賃貸
　　　└ 事業用
- 金融財産

### 相続対策と税務診断

(1) A男の個人事業をB男が事業承継して相続します。
(2) C男がA子と同居しており，賃貸不動産から収益を獲得し，C男とA子の生活費とします。
(3) D子はすでに世帯をもち，自宅があるので，金融財産で分割します。
(4) A子の相続発生時には，その時の状況によって自宅を処分し金銭で分割します。
(5) 相続人たる子供がそれぞれの環境で対応できるように遺産分割の方針を決

めて使用することがよいでしょう。被相続人の事業を子供が承継する環境をつくりつつありましたが，このような状況から，他の相続人（兄弟）に相続の方針を認識させる必要があります。

## 39 事業会社・不動産管理会社の分担経営と相続

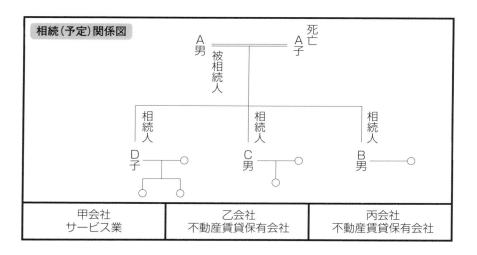

〔相続財産・相続税の概要（現在）〕

（単位：千円）

| 相続財産等 | 評価額 | 取得者 | | |
|---|---|---|---|---|
| | | B男 | C男 | D子 |
| 純資産価額 | 2,100,000 | 700,000 | 700,000 | 700,000 |
| 基礎控除額 | | | | |
| 算出税額 | 900,000 | 300,000 | 300,000 | 300,000 |

### 遺産分割の経緯（予定）

不動産，預貯金，同族株式が主な財産であり，債務等としては，借入金，賃貸物件の預り保証金があります。

駅前周辺で，不動産と遊技場を経営しており，一部分物件ごとに3人の子供

B男・C男・D子に経営は引き継がれています。法定相続人は、B男、C男、D子の3人です。不動産ごとに相続させることは考慮されていましたが、法定相続割合で分割します。

## 相続対策と税務診断

(1) A男は駅前隣接・周辺で遊技場を経営しており、事業を拡大していました。

(2) 収益性が高く、土地取得、建物を建築しましたが、採算は良好でした。上層階は、賃貸オフィスで、一部賃貸用マンションとして運営していました。

(3) 経営の主体はB男が引き継いで行い、これをC男およびD子も一部協力しています。

(4) 相続前より、将来の事業承継者はC男とD子の子供となる可能性があり、その方向を念頭において、乙会社はC男、丙会社はD子に経営を任せていました。

(5) 相続発生により、次代承継を考え、生前に贈与や譲渡していた分を含めて分割することとしました。

(6) **(診断)** 事業会社と個人財産の相続について相続人兄弟が一致協力して運営することが望ましい方法です。事業を多角的に経営し子供も多くいて可能な相続分担が実現できる場合は、生前より事業の分担を明確にし、かつ、当該法人の株式持分とさらに経営採算のバランス対策も考慮しておいた方がよいのです。

## 40 兄妹の不動産相続の方向

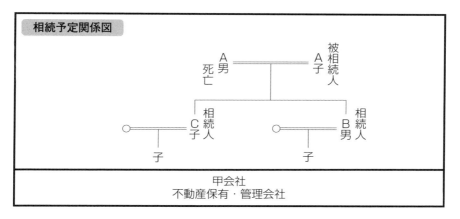

〔相続財産・相続税の概要（現在）〕

（単位：千円）

| 相続財産等 | 評価額 | 取得者 | |
|---|---|---|---|
| | | B男 | C子 |
| 純資産価額 | 500,000 | 250,000 | 250,000 |
| 基礎控除額 | | | |
| 算出税額 | 150,000 | 75,000 | 75,000 |

### 遺産分割の経緯（予定）

　主な財産として不動産（自宅，賃貸物件）と預貯金，有価証券および生命保険があります。生前に共有で所有していた土地を売却後，事業用資産の買換特例を適用し，都内に賃貸物件を取得しました。法定相続人は，B男とC子の2人です。兄妹仲はまあまあです。法定相続分で均等に分割します。小規模宅地の特例を賃貸物件に対し適用しました。法人の株価は，所有していた不動産の売却により資産が大幅に増加し，株価は，売却前より1株につき相当の増加となっています。

## 相続対策と税務診断

(1) A男が所有していた土地を売却し事業用資産の買換えで土地を取得しました。それを隣地所有者と共有で建物を建築し，A男側は，甲会社を設立して経営してきました。

(2) 隣地の所有者から買取りを求められ，相続税対策を考慮して借入れをして，A男が購入しました。

(3) A男が亡くなり，主な財産は配偶者A子が相続しました。

(4) そして，A子が亡くなり，相続が発生した場合を想定しています。A子生存中より，B男とC子は将来の経営上の支障もあることから売却することも検討していましたが，これを売却することとしました。

(5) 売却した結果，甲会社の株価が増加して，これを含めてB男とC子の分割協議が進められた結果，法定相続分となる予定です。

(6) **(診断)** 兄妹の仲はまあまあですが，相続時にもめることも想定され，不動産を売却して現金化してそれぞれが以後運営することも考えられます。相続後の不動産事業の運営については意見の相違があり，売却することも考えなければなりません。これによって買換え等を行い，それぞれが独自のかたちで不動産事業を営んでいくというスキームもあります。

Chapter **6**

# 「相続」という物語
― 争続・騒続・爽続・奏続 ―

相続には，被相続人と私相続人・関係者の一生の物語があります。そして相続が１つの節目のしめくくりです。これをうまく乗り切り，次代に継承できるかが，一族のこれからに影響します。

　相続には，現代では，争族・騒続すなわち相続人間の争いが生じてしまう場合，被相続人の生前からの考え方が伝わって"うまく"スムーズに進む爽続の場合，家族・内縁者が一体となって一族を守る気持を１つにしてまとまる奏続の場合等々，いろいろなケースがありました。

　相続を全体的にスムーズに進めるにあたって必要な情報や資料を見てみましょう。

## 相続と相続税申告のために必要な情報と書類

　遺産分割協議書と相続税申告のために必要な情報や書類は以下のとおりです。これら情報や資料を進める目的は何かといいますと，
①　正確な遺産と税金の計算をするためばかりでもありませんが，
②　特に重要なことは，遺産分割に相続人全員が納得するためであり，
③　これらの情報や書類には，被相続人をめぐる物語があるのです。
④　この相続税物語が正しい相続人の申告と納付を結果することになるのですから，できるだけ多く，本当の，あるいは本音の情報を集めなければなりません。
⑤　そうでないと爽続や奏続にならず，争続になってしまうのです。

　そこで，それぞれの相続関係に必要な資料に関してそれぞれのポイントをみることにします。

## 相続対策と税務診断・1

> **1 被相続人関係書類**
> ① 被相続人の家族関係の歴史
> ② 被相続人の亡くなるまでの生活状況
> ③ 被相続人が生まれてから亡くなるまでの全ての戸籍謄本（除籍謄本を含みます）……3通
> ④ 被相続人の住民票の除票……3通
> ⑤ 相続人の遺言書，死因贈与契約書（なければ結構です）
> ⑥ 過去の被相続人の確定申告書

〈相続のポイント〉

　生前からきちんと被相続人の方が将来の相続を見越して準備しておられる方もいますが，ほとんどはそうはいきません。最近，遺言書を作成している方もいますが，相続発生の相続財産は相続人の方が本当に信頼できる専門家と一緒に進めることになります。そこで最初に必要な資料は上記1の書類です。ここでのポイントは次のとおりです。

(1) 相続が発生し，財産調査，遺産分割の調整，相続税のシミュレーションの一連の手続きに入る時に客観的にしておかなければならないことから，必要な情報や資料を収集することになります。

(2) まず被相続人の家族関係をできるだけ詳細に知っておかなければなりません。1つには，相続財産の確定を，もう1つは遺産分割に関係する遺産のいきさつを把握しておかなければなりません。

(3) 被相続人が病気になり，身体が不自由になりはじめから相続発生日（死亡日）までの状況を詳しく知っておく必要があります。というのは，その間に被相続人の病歴がどのように変動し，特に被相続人が自ら病院に行けなくなった状況では相続人の誰が，あるいは関係者の誰が預金の引き出しや，現金の管理をしていたかが重要です。

(4) この状況の中でも不信感が相続人間でおきる可能性が大きいので，その

(5) 生前中の相続人あるいは相続人の関係者（たとえばお孫さんや配偶者）に贈与とか譲渡を被相続人が行っている場合，その時の状況を把握しておかなければなりません。
(6) 被相続人が事業会社や不動産管理会社等の法人を経営していた場合，相続人やその関係者がどうかかわっていたか，業務や給与などの情報も正確に把握していなければなりません。

## 相続対策と税務診断・2

> 2　相続人関係書類
> ① 相続人全員の戸籍謄本……各3通
> ② 相続人全員の住民票（本籍の記載されているもの）……各3通
> ③ 相続人全員の印鑑証明……各3通
> ④ 相続人が被相続人から過去に贈与を受けている場合には，贈与税申告書の控

〈相続のポイント〉
(1) ここでは，相続発生時からすぐ困ることは，被相続人の預金口座が動かせなくなるため，これを対処するには金融機関への提出書類にも①，②，③が必要になります。
(2) もちろん，遺産分割協議書，相続税申告，登記書類にも①，②，③が必要になります。
(3) 生前に贈与をしている場合，相続人や関係者の贈与の額も資料や申告書の控が必要です。
(4) 申告していない場合には，実質的に贈与されているかどうか，すなわち実際には被相続人の支配管理されている財産は，被相続人のものとなることもあるので，説明できる資料を用意しなければなりません。

**相続対策と税務診断**・3

> 3　財産関係書類（該当するものだけで構いません）
> ① 不動産
> 　(イ)　被相続人所有の土地等の実測図
> 　(ロ)　相続人所有の不動産に関する固定資産税納税通知書（平成　　年分）
> 　(ハ)　相続人所有の不動産名寄（平成　　年分）
> 　(ニ)　被相続人所有の不動産の評価証明書（平成　　年分）
> 　(ホ)　不動産賃貸契約書

〈相続のポイント〉
(1) 不動産は相続財産の中で大きな役割になるので，漏れのないように資料を収集しなければなりません。
(2) 不動産とは，土地所有権，借地権，底地権，建物等になるのですから，正確に把握しなければなりません。
(3) 不動産は，特に評価額やその形状，使い方により大きく異なり，相続権に関係してきますので，自己使用（居住用や自分の事業用）か賃貸用か，業務を行っている場合は，それとの関係にもよります。
(4) 特に賃貸用や事業用の場合は，過去の税金の申告の場合と今の実態とが異なる場合には，過去の申告を修正しなければなりません。
(5) 不動産の各種の契約書も完全になければならないので，ない場合は会計上のやりとりをも含めて立証する資料が必要となります。

## 相続対策と税務診断・4

② 預貯金
- (イ) 全預貯金の残高証明書および利息計算書（相続発生時）……各1通
- (ロ) 全普通預金の通帳コピー（最低でも相続発生5年分位）
- (ハ) 定期性預金の証書のコピー
- (ニ) 金銭信託の残高証明書

〈相続のポイント〉
(1) 金融財産も相続財産では大きな割合ですから，正確に漏れなく過去の少額の通帳でも集めなければなりません。
(2) 特に預貯金などでは過去の資金のフローが大事となりますから，過去10年間分位の通帳等が必要となります。
(3) 資金移動が多い，不動産や株式保有の方は，説明できるか，金額の大きな50万円以上のものは全部みておく必要があります。
(4) また，家族名義の預金でも，被相続人の支配下にするものは相続財産に入ることもありますので，そうでない場合に説明できるようにしておかなければなりません。
(5) 相続発生時の被相続人の手持ち現金の残高も相続発生時にできるだけ早く把握しておくことと，相続発生直前に預金を引き出して葬儀等の準備をしていることもありますが，それらの引き出した現金の支払いをきちんとメモしておく必要があります。

**相続対策と税務診断・5**

③　有価証券
　(イ)　上場されている有価証券がある場合には銘柄と株数が判明するもの（証券会社発行の書類等）およびその配当金支払通知書等
　(ロ)　取引相場のない株式等がある場合には，その銘柄，株数，評価額
　(ハ)　公社債がある場合にはそのコピー
　(ニ)　被相続人が同族会社の株式を所有していた場合は，その同族会社の申告書および決算書等

〈相続のポイント〉
(1)　預貯金も同じように株式等の名義や取得・譲渡の流れを確かめておかなければなりません。
(2)　被相続人が経営している事業や不動産管理の同族会社の株式や出資金についても，設立時から相続発生時までの動きを株式台帳等で確かめておかなければなりません。
(3)　同族会社の株式・出資金の所有者の名義が正しいか，すなわち名義漏れがないか，あるいは相続人に贈与をしているような場合に実際に贈与は行われていたかにも注意しなければなりません。
(4)　また，同族会社の株式の評価額が非常に高くなっている場合や，生前に対策をとっていた場合，それらは正確かをチェックしておかなければなりません。

**相続対策と税務診断・6**

④　家財道具等
　(イ)　書画・骨董がある場合には，その内容等のわかるもの
　(ロ)　貴金属・宝石等がある場合には，その内容等がわかるもの
　(ハ)　ゴルフ会員権・レジャー会員権等がある場合には，そのコピー
　(ニ)　同族会社等に対する債権がある場合にはその明細（金銭消費貸借契約書等）
　(ホ)　生命保険の保険金支払通知書のコピー

〈相続のポイント〉
(1)　家財道具も調べてみて漏れのないようにしなければなりませんが，特に(イ)，(ロ)，(ハ)等の財産は，評価額を客観的にだしておく必要があります。
(2)　金額や評価額がわからない場合は取得金額や相場を調べておく必要があります。
(3)　特に，同族会社に対する債権については過去の決算書，申告書から正確に計算しなければなりません。
(4)　また，被相続人，友人等への貸付債権は，契約書等がないとわからないこともあり，これはできるだけ生前に用意してもらうことが必要です。

**相続対策と税務診断・7**

4　債務及び葬式費用
　(イ)　相続発生年度や前年度住民税納税通知書
　(ロ)　相続発生年度や前年度固定資産税納税通知書
　(ハ)　医療費，年金，保険料等の領収書
　(ニ)　葬式費用の領収書
　(ホ)　同族会社の住所その他

〈相続のポイント〉
(1) 相続財産から借入金・ローンや(イ), (ロ), (ハ)等の未払債務や(ニ)も控除できますので正確に算出しておく必要があります。
(2) (ホ)の同族会社への債務等も決算書と突き合せて算定しておく必要があります。
(3) 葬式費用も領収書を集め, お寺等への支払いも領収書がなければ記録をして控除します。

### 〔老舗経営承継の12の原則〕

以下の12の原則を財産・事業に反映させ, 一族を承継する運営・経営のための実際の老舗経営の税務のポイントを以下で示します。

「長期的に持続している財産・事業の一族経営体の精神と活動の根源にあると思われる12の原則」

| | 原則 | 目指す心構え |
|---|---|---|
| 1 | 気配りの原則 | 一族の関連者すべてへの気配り・配慮 |
| 2 | クライアント（顧客）優先の原則 | 顧客の心の理解と対応の優先 |
| 3 | 時間のムダなしの原則 | 時間はない, 待ったなしの心構え |
| 4 | 一族のリーダーシップの原則 | 一族（タテ）の心の統制と存続と持続 |
| 5 | 一族の協働・支援の原則 | 一族（ヨコ）の協働・協力活動への心構え |
| 6 | ムダな財産非保有の原則 | 未稼働財産の非保有と借金のコントロール |
| 7 | 無理なき経営の原則 | 目標達成の可能性の周到な準備 |
| 8 | 先手・先行見通しの原則 | 果敢な攻めのための充分な見通し |
| 9 | 財産集中・分散の原則 | 効率・効果のある財産取得と活用 |
| 10 | コスト最小・回収の原則 | かけるべき・かけたコストの最小化と回収 |
| 11 | 一族競争性の原則 | 一族安穏心排除のための競争の必要性 |
| 12 | 一族存続・持続意思保有の原則 | 財産・事業および一族の存続・平安のための確固たる意思の保有 |

(拙著『なるほど税務　財産・実務・一族承継のノウハウ』22頁収録)

## 【著者紹介】

**鈴木　豊**（すずき　ゆたか）
青山学院大学名誉教授　経営学博士　公認会計士・税理士

青山学院大学大学院会計プロフェッション研究科長・教授，総務省「今後の新地方公会計の推進に関する研究会」座長，同「公営企業会計制度に関する実務研究会」・「公営企業の税務のあり方に関する研究会」座長，東京都「地方独立行政法人評価委員会」委員，財務省「東京国税局入札等監視委員会」委員，国税庁「税務相談業務市場化テスト」外部監査委員，金融庁公認会計士試験（租税法）試験委員，会計大学院協会理事長，内閣府行政刷新会議評価者などを歴任。

### [主な著書等]

『税務会計法』，『法人税法の3つの課税原則』，『なるほど税務／財産・事業・一族承継のノウハウ』，『不動産の会計と税務』，『自治体の会計・監査・連結経営ハンドブック』，『政府・自治体・パブリックセクターの公監査基準』，『新地方公会計統一基準の完全解説』（以上，単著，中央経済社），『法人税の基本演習』，『非営利組織体の会計』（以上，共著，中央経済社），『日本国政府会計の分析』（編著，中央経済社），『アメリカの政府監査基準』（翻訳，中央経済社），『総説税務会計』（共著，税務経理協会），『税務会計法』（同文舘出版）等多数。

---

相続の税務診断──争続・騒続・爽続ケース100
2017年1月10日　第1版第1刷発行

著　者　鈴　木　　　豊
発行者　山　本　　　継
発行所　㈱中央経済社
発売元　㈱中央経済グループ
　　　　パブリッシング

〒101-0051　東京都千代田区神田神保町1-31-2
　　　　　電話　03(3293)3371（編集代表）
　　　　　　　　03(3293)3381（営業代表）
　　　　　http://www.chuokeizai.co.jp
　　　　　印刷／文唱堂印刷㈱
　　　　　製本／㈱関川製本所

©2017
Printed in Japan

＊頁の「欠落」や「順序違い」などがありましたらお取り替えいたしますので発売元までご送付ください。（送料小社負担）
ISBN978-4-502-20361-9　C3034

JCOPY〈出版社著作権管理機構委託出版物〉本書を無断で複写複製（コピー）することは，著作権法上の例外を除き，禁じられています。本書をコピーされる場合は事前に出版者著作権管理機構（JCOPY）の許諾を受けてください。

JCOPY〈http://www.jcopy.or.jp　eメール：info@jcopy.or.jp　電話：03-3513-6969〉

●実務・受験に愛用されている読みやすく正確な内容のロングセラー！

## 定評ある税の法規・通達集 シリーズ

### 所得税法規集
日本税理士会連合会 編
中央経済社

❶所得税法 ❷同施行令・同施行規則・同関係告示 ❸租税特別措置法（抄） ❹同施行令・同施行規則（抄） ❺震災特例法・同施行令・同施行規則（抄） ❻復興財源確保法（抄） ❼復興特別所得税に関する政令・同省令 ❽災害減免法・同施行令 ❾国外送金等調書提出法・同施行令・同施行規則・同関係告示

### 所得税取扱通達集
日本税理士会連合会 編
中央経済社

❶所得税取扱通達（基本通達／個別通達） ❷租税特別措置法関係通達 ❸国外送金等調書提出法関係通達 ❹災害減免法関係通達 ❺震災特例法関係通達 ❻索引

### 法人税法規集
日本税理士会連合会 編
中央経済社

❶法人税法 ❷同施行令・同施行規則・法人税申告書一覧表 ❸減価償却耐用年数省令 ❹法人税法関係告示 ❺地方法人税法・同施行令・同施行規則 ❻租税特別措置法（抄） ❼同施行令・同施行規則・同関係告示 ❽震災特例法・同施行令・同施行規則（抄） ❾復興財源確保法（抄） ❿復興特別法人税に関する政令・同省令 ⓫租特透明化法・同施行令・同施行規則

### 法人税取扱通達集
日本税理士会連合会 編
中央経済社

❶法人税取扱通達（基本通達／個別通達） ❷租税特別措置法関係通達（法人税編） ❸連結納税基本通達 ❹租税特別措置法関係通達（連結納税編） ❺減価償却耐用年数省令 ❻機械装置の細目と耐用年数 ❼耐用年数の適用等に関する取扱通達 ❽震災特例法関係通達 ❾復興特別法人税関係通達 ❿索引

### 相続税法規通達集
日本税理士会連合会 編
中央経済社

❶相続税法 ❷同施行令・同施行規則・同関係告示 ❸土地評価審議会令・同省令 ❹相続税法基本通達 ❺財産評価基本通達 ❻相続税法関係個別通達 ❼租税特別措置法（抄） ❽同施行令・同施行規則（抄）・同関係告示 ❾租税特別措置法（相続税法の特例）関係通達 ❿震災特例法・同施行令・同施行規則（抄）・同関係告示 ⓫震災特例法関係通達 ⓬災害減免法・同施行令（抄） ⓭国外送金等調書提出法・同施行令・同施行規則・同関係通達 ⓮民法（抄）

### 国税通則・徴収・犯則法規集
日本税理士会連合会 編
中央経済社

❶国税通則法 ❷同施行令・同施行規則・同関係告示 ❸同関係通達 ❹租税特別措置法・同施行令・同施行規則(抄) ❺国税徴収法 ❻同施行令・同施行規則 ❼国税犯則取締法・同施行規則 ❽滞調法・同施行令・同施行規則 ❾税理士法・同施行令・同施行規則・同関係告示 ❿電子帳簿保存法・同施行令・同施行規則・同関係告示 ⓫行政手続オンライン化法・同国税関係法令に関する省令・同関係告示 ⓬行政手続法 ⓭行政不服審査法 ⓮行政事件訴訟法（抄） ⓯組織的犯罪処罰法（抄） ⓰没収保全と滞納処分との調整令 ⓱犯罪収益規則（抄） ⓲麻薬特例法（抄）

### 消費税法規通達集
日本税理士会連合会 編
中央経済社

❶消費税法 ❷同別表第三等に関する法令 ❸同施行令・同施行規則・同関係告示 ❹消費税法基本通達 ❺申告書様式等 ❻消費税法等関係取扱通達等 ❼租税特別措置法 ❽同施行令・同施行規則（抄）・同関係通達 ❾消費税転嫁対策法・同ガイドライン ❿震災特例法・同施行令（抄）・同関係通達 ⓫震災特例法関係通達 ⓬税制改革法等 ⓭地方税法 ⓮同施行令・同施行規則 ⓯所得税・法人税政省令 ⓰輸徴法令 ⓱関税法令 ⓲関税定率法令

### 登録免許税・印紙税法規集
日本税理士会連合会 編
中央経済社

❶登録免許税法 ❷同施行令・同施行規則 ❸租税特別措置法・同施行令・同施行規則（抄） ❹震災特例法・同施行令・同施行規則（抄） ❺印紙税法 ❻同施行令・同施行規則 ❼印紙税法基本通達 ❽租税特別措置法・同施行令・同施行規則（抄） ❾印紙税額一覧表 ❿震災特例法・同施行令・同施行規則（抄） ⓫震災特例法関係通達等

中央経済社